Edizioni R.E.I.

Tutti i nostri ebook possono essere letti sui seguenti dispositivi: computer, eReader, IOS, android, blackberry, windows, tablet, cellulari.

French Academy

Il sistema dei sette Chakra

(Volume 6)

Ajna - Il Sesto Chakra

ISBN 978-2-37297-2741

Pubblicazione digitale (eBook): 16 marzo 2016
Stampa: 16 marzo 2016
Nuova edizione aggiornata: 22 dicembre 2016
Edizioni R.E.I.
www.edizionirei.webnode.com
edizionirei@outlook.com

French Academy

Ajna

Il Sesto Chakra

Edizioni R.E.I.

Indice

Il sistema dei Chakra 9

Ajna - Sesto Chakra 13

Come attivare il 6° chakra 22

Colore del sesto chakra 23

Oli essenziali associati al sesto chakra 34

    Menta 35

    Mirra 37

    Violetta 40

    Citronella 42

    Cajeput 44

    Anice 46

    Elicriso 47

    Salvia 50

    Angelica 52

    Lavanda 54

Fiori Himalaya associati al sesto chakra 58

    Clarity 60

Fiori Californiani associati al sesto chakra 61

    Black Eyes Susan 63

    California Poppy 64

    Filaree 66

    Fuchsia 68

    Lavander 69

    Queen Anne's Lace 70

Fiori Australiani associati al sesto chakra 72

    Bush Fuchsia 74

    Yellow Cowslip Orchid 76

Fiori di Bach associati al sesto chakra 77

    Beech 79

    Chicory 81

    Rock Water 83

    Vervain 85

Vine 87

Crab Apple 89

Numero del sesto chakra 91

Esercizi fisici 94

Pietre consigliate per il 6° Chakra 96

Ametista 97

Fluorite 100

Zaffiro 102

Opale Boulder 105

Pietra di Luna 106

Sugillite 109

Tanzanite 110

Lepidolite 112

Occhio di Gatto 113

Il sistema dei Chakra

Con la parola Chakra, che deriva dal sanscrito e significa "ruota", si vogliono indicare i sette centri di base di energia nel corpo umano. I chakra sono centri di energia psichica sottile situati lungo la colonna vertebrale. Ciascuno di questi centri è connesso, a livello di energie sottili, ai gangli principali dei nervi che si ramificano dalla colonna vertebrale. In più i chakra sono correlati ai livelli della coscienza, agli elementi archetipici, alle fasi inerenti lo sviluppo della vita, ai colori, che sono strettamente legati ai Chakra, perché si trovano all'esterno del nostro corpo, ma all'interno dell'aura, vale a dire il campo elettromagnetico che avvolge ciascuna persona, ai suoni, alle funzioni del corpo e a molto, molto altro. La dottrina orientale che ne ha diffuso la conoscenza nel mondo occidentale considera i Chakra come aperture, porte di accesso all'essenza del corpo umano.
I chakra sono solitamente rappresentati dentro a un fiore di loto, con un numero variabile di petali aperti. I petali aperti rappresentano il chakra nella sua piena apertura. Su ogni petalo è scritta una delle cinquanta lettere dell'alfabeto sanscrito, le quali, sono considerate lettere sacre, quindi espressione divina. Ciascuna di esse esprime, inoltre, una diversa attività dell'essere umano, un suo diverso stato, sia manifesto, sia ancora potenziale. Ogni chakra risuona su una frequenza diversa che corrisponde ai colori dell'arcobaleno.
I sette Chakra principali corrispondono inoltre alle sette ghiandole principali del nostro sistema

endocrino. La loro funzione principale è quella di assorbire l'Energia Universale, metabolizzarla, scomporla e convogliarla lungo i canali energetici fino al sistema nervoso, alimentare le aure e rilasciare energia all'esterno. Quasi tutti li vedono come degli imbuti, che roteano e contemporaneamente fanno scorrere l'energia avanti e indietro. Ciascuno dei sette centri ha sia una componente (solitamente dominante) anteriore che una componente (solitamente meno dominante) posteriore, che sono collegati intimamente, fatta però eccezione per il primo e il settimo, che invece sono singoli. dal Secondo al quinto, l'aspetto anteriore si relaziona con i sentimenti e con le emozioni, mentre quello posteriore con la volontà. Per quanto riguarda il sesto anteriore e posteriore, e il settimo, la correlazione è con la mente e la ragione. Il primo e il settimo. hanno inoltre l'importantissima funzione di collegamento per l'essere umano: essendo i Chakra più esterni del canale energetico, essi hanno la caratteristica di porre in relazione l'uomo con l'Universo da un lato e con la Terra dall'altro. Il perfetto funzionamento del sistema energetico è sinonimo di buona salute. Per aprire i Chakra esistono molte tecniche diverse, tra le quali il Reiki si evidenzia per la sua peculiare dolcezza e per la possibilità di armonizzare eventuali scompensi energetici. Ogni centro sovraintende a determinati organi, e ha particolari funzioni a livello emotivo, psichico e spirituale. Tra i sette fondamentali, esistono delle precise affinità.

- Primo con Settimo: Energia di base con Energia spirituale.
- Secondo con Sesto: Energia del sentire a livello materiale con Energia del sentire a livello extrasensoriale.
- Terzo con Quinto: Energia della mente operativa e del potere personale con Energia della mente superiore e della comunicazione.
- Quarto: ponte tra i tre superiori ed i tre inferiori e fucina alchemica della trasformazione.

A ogni Chakra è associato un colore, che corrisponde e deriva dalla frequenza e dalla vibrazione del centro stesso. Inoltre a ogni Chakra corrisponde un mantra, il suono di una nota musicale e, in alcuni casi, anche un elemento naturale, un pianeta o un segno zodiacale. Poiché il sistema dei chakra è il centro d'elaborazione principale per ogni funzione del nostro essere, il bloccaggio o una insufficienza energetica nei chakra provoca solitamente disordini nel corpo, nella mente o nello spirito. Un difetto nel flusso di energia che attraversa il dato chakra provocherà un difetto nell'energia fornita alle parti connesse del corpo fisico, così come interesserà tutti i livelli dell'essere. Ciò perché un campo di energia è un'entità Olistica; ogni parte di esso interessa ogni altra parte. Gli oli essenziali sono in grado di sintonizzarsi con i chakra specifici: il loro profumo e la loro vibrazione ci mettono dolcemente in contatto profondo con i nostri centri energetici.

Il massaggio con specifici oli essenziali sui punti corrispondenti ai chakra, attiva ed equilibra la loro azione, armonizzando e rinforzando l'intero organismo.

Partendo dal basso sono:
- 1° = Muladhara
- 2° = Swadhisthana
- 3° = Manipura
- 4° = Anahata
- 5° = Vhishuddhi
- 6° = Ajna
- 7° = Sahasrara

Ciascuno dei sette chakra, inoltre, viene a rappresentare un'area importante della salute psichica umana, che possiamo brevemente riassumere come:
- 1 sopravvivenza
- 2 sessualità
- 3 forza
- 4 amore
- 5 comunicazione
- 6 intuizione
- 7 cognizione.

Metaforicamente i chakra sono in relazione ai seguenti elementi archetipici:
- 1 terra
- 2 acqua
- 3 fuoco
- 4 aria
- 5 suono
- 6 luce
- 7 pensiero.

Ajna - Sesto Chakra

Il sesto chakra è il chakra della fronte, terzo occhio. Ha come simbolo due petali di loto colore indaco e si colloca al centro della fronte, circa due dita al di sopra della radice del naso, nella posizione del terzo occhio. Il suo nome in sanscrito significa conoscere, percepire e anche comandare.
È l'ultimo chakra collocato all'interno del corpo fisico. Sui due petali del loto vi sono le lettere Ham e Ksam.

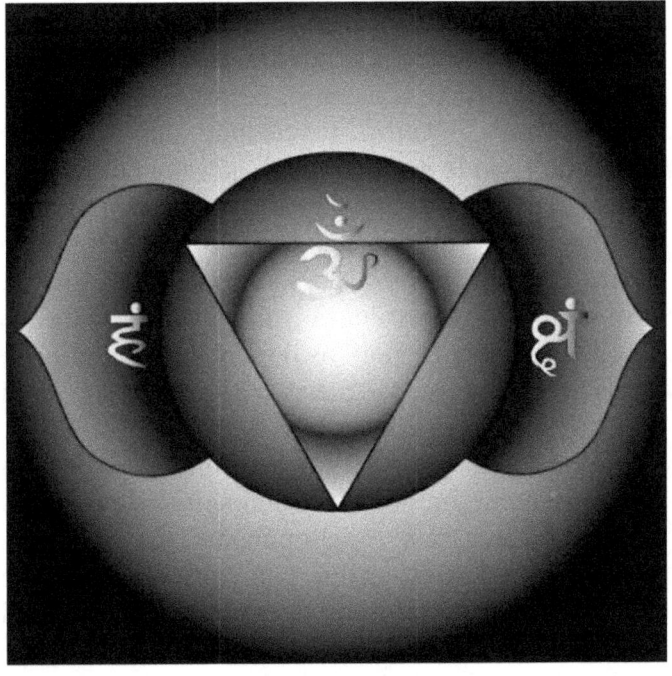

Il sesto è il chakra dell'assetto mentale superiore e della visione superiore, comunemente chiamato

terzo occhio, considerato fondamentale in moltissime pratiche meditative orientali (Tibet e India soprattutto). Si sviluppa in età adulta.
Esprime il diritto di vedere la verità, sia essa umana o superiore. Presiede il senso della vista.
Nella sua espressione anteriore è associato alla facoltà di visualizzare e di rendere comprensibili i concetti intellettuali e, nella sua espressione posteriore, alla facoltà di attuazione dei concetti stessi. Se il sesto chakra non è armonico la persona si troverà facilmente in una situazione di confusione in cui idee e concetti corrisponderanno alla realtà e di conseguenza le sue azioni, e cioè la sua capacità di tradurre in pratica le idee verrà a cadere o peggio ancora, si porteranno avanti idee e concetti distorti con le conseguenze del caso per se stessi e per gli altri. Percezione conoscenza e comando sono le prerogative di questo chakra.
Esso fa entrare nel mondo non materiale, dell'invisibile, attraverso, appunto, la percezione extrasensoriale per portare conoscenza e, quindi, profonda consapevolezza di quanto circonda l'essere umano, non solo nella materia e permettendo, di conseguenza, di comandare e di guidare la propria esistenza.
A proposito di questo chakra, la pratica esoterica suggerisce che i monaci tibetani spiritualmente più elevati (lama) si sottopongano all'apertura chirurgica del sesto chakra che consente loro, non solo di espandere la propria coscienza, ma anche di collegarsi fra loro per via telepatica. Essi sono inoltre in grado di riconoscere immediatamente e con estrema chiarezza le eventuali negatività, così come le potenzialità spirituali, degli esseri umani

che incontrano. Questo centro nel corpo fisico è rappresentato dall'incrocio dei due nervi ottici nel nostro cervello (il "chiasmo ottico") e controllerebbe il funzionamento della ghiandola pituitaria e gli occhi. Un affaticamento eccessivo della vista (per cinema, televisione, computer o lettura di libri) nuocerebbe a questo chakra che sarebbe anche danneggiato dai cattivi pensieri.

Questo chakra permetterebbe di pensare al futuro, creare progetti, di sviluppare percezioni extrasensoriali come la capacità di vedere senza l'uso del senso della vista, di raggiungere stati mistici, di percepire la cosiddetta aura (un presunto campo che circonderebbe le persone, ignoto alla scienza, da non confondere con ciò che viene chiamato aura in medicina) e di viaggiare nel cosiddetto "piano astrale". Il chakra si chiuderebbe in caso di delusioni per la mancata realizzazione di un progetto di vita. Gli squilibri si manifesterebbero attraverso incubi, fenomeni psichici incontrollati o sgradevoli, mancanza completa di sogni, confusione mentale e con malattie collegate alla vista e mal di testa frontale.

Il sesto Chakra rappresenta il pensiero, viene anche chiamato Chakra del Terzo Occhio. Questa è la sede delle più elevate facoltà mentali, delle capacità intellettuali, nonché della memoria e della volontà. Sviluppando la nostra consapevolezza, e aprendo sempre di più il terzo occhio, la nostra immaginazione potrà produrre l'energia necessaria per realizzare i nostri desideri.

Quando il Chakra del cuore è aperto e in congiunzione con quello del terzo occhio, possiamo trasmettere le nostre energie guaritrici sia da vicino che da lontano. Nello stesso tempo possiamo avere accesso a tutti i livelli della creazione, livelli che vanno anche al di là della realtà fisica. Una conoscenza di questo tipo ci perviene sotto forma di intuizioni, di chiaroveggenza e di ipersensibilità nell'udire e nel percepire. Cose che prima avevamo sospettato solo vagamente, ci appaiono ora chiaramente.

Questo chakra governa i sogni. Ci sono tre tipi di sogni:

- I sogni inconsci, che riportano a galla vecchie questioni dal subconscio, così da riuscire ad ottenere una comprensione più chiara di come ci sentiamo veramente, anziché di come "dovremmo" sentirci. Possiamo percepire questi sogni come incubi o come opportunità di esseri consci della nostra stessa oscurità, così può essere risanata e rilasciata.
- I sogni consci, che spesso sono le "prove generali" per ciò che stiamo facendo e cercando di fare nella vita diurna. Dopo aver fatto questi sogni potremmo sentirci stanchi, come se avessimo lavorato tutta la notte e, in un certo senso, lo abbiamo fatto.
- I sogni superconsci, che ci permettono di fare veri viaggi da svegli attraverso i piani interiori. È importante scrivere questi sogni ed integrarli nella vita di tutti i giorni, poiché sono una vera guida spirituale.

Anche se un sogno non viene ricordato, questo rilascia ancora tensione psichica. La ricerca ha

dimostrato che le persone che hanno ricevuto un sonno adeguato, ma sono state private dei sogni, diventano disorientate e psicologicamente disturbate. È ancor più di beneficio se impariamo a ricordare i sogni importanti, perché ci danno delle informazioni importanti sul nostro SÉ.
Ci sono due modi efficaci per ricordare i sogni. Uno: diciamo a noi stessi, prima di addormentarci: "mi ricorderò dei miei sogni". Due: prima di aprire gli occhi al mattino, ci raccontiamo qual era il nostro sogno. Quest'attività trasferisce i sogni dall'emisfero cerebrale destro, quello che immagina, alle aree del linguaggio dell'emisfero cerebrale sinistro. Poi, spesso, riusciamo a ricordare i sogni a lungo abbastanza da scriverli. Alcuni sogni non sono difficile da ricordare e, infatti, ci perseguitano finché non li elaboriamo fino alla piena comprensione del loro significato.
La coscienza di questo chakra apre e fa cadere il «velo di maya», l'illusione delle apparenze del mondo. Rappresenterebbe anche il potere di vedere-sapere ciò che non è ancora accaduto, ma sta per accadere. Nel settore individuato da questo chakra si trovano il diencefalo e due ghiandole di importanza fondamentale per il controllo e la regolazione il tutto l'organismo, l'ipofisi e l'epifisi, ossia la ghiandola pituitaria e quella pineale. Entrambe si manifestano all'interno del nostro corpo come il nostro ego e superego.
L'ipofisi pende circa al centro della parte inferiore dell'enfalo, al di sotto del terzo ventricolo, ed è accolta in una nicchia dell'osso sfenoide chiamata, a causa della sua forma, sella turcica.

E' composta da due parti fondamentali, di derivazione ectodermica: la neuro-ipofisi, derivata dal pavimento del diencefalo (contiene un recesso del terzo ventricolo), e l'adeno-ipolisi, derivata dalla volta dello stomodeo, cioè dalla cavità buccale primitiva. In alcune specie animali rimane, a testimonianza di questa derivazione e della primitiva sede di eliminazione del secreto ipofisario, un dotto di comunicazione tra l'ipofisi e la cavità buccale (in alcuni pesci; in alcuni rettili e uccelli rimane solo un cordone chiuso).

Queste ancestrali vie di comunicazione tra compartimenti del corpo, che nell'uomo appaiono completamente separati, costringono a riflettere sulle parole degli yogin che affermano di poter riattivare percorsi e comunicazioni all'interno del corpo, normalmente chiusi. Gli ormoni dell'adeno-ipofisi sono STH-ormone della crescita; TSH-ormone che stimola la tiroide; ACTH-ormone che stimola il corticosurrene; FSH-ormone che stimola la crescita del follicolo ovarico; LH-ormone che stimola il corpo luteo (nei maschi le cellule interstiziali); PRL-ormone che stimola la lattazzione. L'ormone della parte intermedia è l'MSH-ormone melanocito stimolante (regola la pigmentazione della pelle).

La neuro-ipofisi non sintetizza ormoni, ma accumula e libera i neuro-secreti accumulati dall'ipotalamo; i più importanti sono l'ossitocina, che stimola le contrazioni uterine e la fuoriuscita del latte dalla mammella, e la vasopressina, che stimola il riassorbimento dell'acqua nel rene.

Come si vede, l'ipofisi controlla tutto l'organismo, perché controlla le ghiandole endocrine. Ciò che avviene nel sistema diencefalo-ipofisario prefigura, quindi, le modificazioni corporee o psichiche che si manifesteranno nell'individuo. Una disfunzione di questo sistema comporterà, pertanto, uno squilibrio in tutte le funzioni psico-fisiche dell'individuo. Osservando il ruolo dell'ipofisi nell'organismo possiamo dire, servendoci di un linguaggio figurato ma attinente alla realtà, che questa ghiandola (o meglio, il sistema diencefalo-ipofisario) rappresenta «l'ordine costituito», la «regalità» che governa, la capacità di prefigurare, proiettarsi, integrare, controllare tutte le funzioni del corpo, ovvero, per lo yoga, ciò che esiste nel «microcosmo».

L'epifisi è una piccola ghiandola a forma di pigna di meno di 1 cm di lunghezza e 150 gr di peso, situata a livello della parete posteriore del terzo ventricolo, a cui è collegata tramite un peduncolo, come l'ipofisi. Risalendo la scala evolutiva, al di sopra degli anfibi la pineale diviene essenzialmente ghiandolare, sebbene rimangano cellule sensitive ancora poco conosciute, e l'ormone principale da essa prodotto è la melatonina che viene secreta ritmicamente seguendo i cicli luce-buio dell'ambiente esterno, anche se la ghiandola non è più in contatto diretto con la fonte esterna di luce (ad esempio, nell'uomo). E' come se la sua funzione visiva, prima diretta, fosse stata in grado di interiorizzarsi. La pineale riceve, infatti, un'innervazione afferente dal ganglio cervicale superiore del simpatico, a sua volta collegato all'occhio. La percezione del buio provoca sintesi di melatonina che, inducendo l'aggregazione dei granuli di melanina nella cute, schiarisce la pelle.

La luce, invece, diminuisce gli impulsi nervosi del simpatico e blocca la sintesi di ormone: bastano pochi minuti di esposizione a una luce brillante perché si determini una caduta dei livelli circolanti di melatonina. L'integrità di questa via è indispensabile per l'attività della ghiandola.

Seguendo i ritmi luce-buio, l'epifisi infatti si sincronizza e sincronizza tutto l'organismo sui ritmi del giorno e della notte, delle stagioni ecc., cioè sui ritmi del macrocosmo che la circonda.

L'epifisi sarebbe perciò un «sincronizzatore» interno-esterno, una guida della struttura temporale dell'organismo: indipendentemente dalla visione, l'organismo sa se è giorno o notte o in quale periodo dell'anno siamo.

L'epifisi, contemporaneamente, detta il ritmo delle «stagioni» interne: diminuisce la melatonina nella pubertà, durante l'ovulazione, in menopausa, nella vecchiaia. Tutto ciò attraverso una trasformazione dell'impulso luminoso che, materializzandosi, diviene impulso ormonale. Luce, impulso nervoso, epifisi, ormone: la funzione coagulante di Saturno degli alchimisti, il terzo occhio dell'Oriente.

Allo stato attuale della ricerca, i bioritmi epifisari sembrano controllare il tono dell'umore, l'equilibrio ormonale, l'equilibrio immunitario e sembrano avere azione antistress. In sintesi, le funzioni organiche corrispondenti a questo chakra sono il controllo sull'equilibrio dell'intero psico-soma, il controllo della capacità di autoriconoscimento o mantenimento dell'integrità della propria individualità, l'interiorizzazione di capacità visive prima dirette all'esterno, con maggiore possibilità di autoregolazione e autosincronizzazione. Come sempre, troviamo una corrispondenza tra il simbolismo del chakra e le funzioni degli organi compresi nella sua ruota.

Se le funzioni sono queste, ancor più si comprende come l'apertura di questo chakra permetta di avere la coscienza e il controllo sull'intero microcosmo umano, di sollevare il velo di maya, le illusioni, liberando l'individuo dallo «spettro del drago uroborico», cioè l'incoscienza totale, che sempre tenta di riassorbirlo in sé.

Come attivare il 6° chakra

- Fate regolarmente delle passeggiate notturne, guardate il cielo stellato e percepite la calma, la pace e la forza della notte.
- Ravvivate la vostra fantasia, soprattutto tramite la lettura di romanzi complessi e di favole.
- Indossate capi di abbigliamento indaco o viola, oppure arredate casa con lo stesso colore.
- Interessatevi agli insegnamenti della saggezza orientale e occidentale, annotate su un diario i vostri sogni, in questo modo si faranno più intensi e rafforzeranno la vostra fantasia e l'intuizione.
- La voce "I" stimola questo chakra, e la useremo, come al solito, vibrandola mentre respiriamo seduti per terra.
- Oli essenziali: violetta, citronella e cajeput stimolano questo chakra. Sceglietene uno e mettetene 3 o 4 gocce in un diffusore per essenze oppure nell'acqua del bagno, dopo averle diluite con un po' di latte.
- Pietre preziose: le seguenti pietre preziose rafforzano il chakra ajna: ametista, zaffiro blu, opale, tormalina blu, sodalite, lapislazzulo.

Colore del sesto chakra

Il colore associato al 6° chakra è l'indaco.
L'indaco è un colore da sempre considerato molto particolare in quanto è il punto d'incontro tra il blu e il viola ed è, contrariamente agli altri colori dello spettro, più una sfumatura che una tinta vera e propria. L'indaco è un colore potente e va usato con parsimonia. Le sue caratteristiche sono simile a quelle del blu, ma con un effetto più profondo, vista anche la sua gradazione e la sua frequenza maggiore. E' simbolo di spiritualità, rappresenta il rapporto con le nostre capacità interiori. L'indaco influenza i nostri sensi migliorando il tono dell'umore in caso di malinconia o di leggeri stati depressivi. Il colore indaco, inoltre, ha un forte potere rilassante e aiuta nelle pratiche meditative. Questo colore agisce positivamente su tutto quanto riguardi il sistema nervoso centrale e su tutti e cinque i sensi. Quindi aiuta a migliorare sensibilmente vista, udito, tatto, olfatto e gusto. Agisce su due ghiandole per noi importanti: la ghiandola pituitaria (ipofisi, che regola gli ormoni e l'attività metabolica di tutto l'organismo) e la ghiandola pineale (epifisi, che regola la produzione di melatonina e il ritmo sonno-veglia). Chi ama l'indaco è una persona riservata, sensibile e fantasiosa, interiormente ricca, caratterizzata da una duplice inclinazione: da una parte tende a isolarsi dal mondo, come conseguenza di un giudizio critico sulle bassezze della realtà quotidiana, ma dall'altra, nello stesse tempo, aspira a una comunione di anime, per il desiderio di

trovare persone affini. Si può definire l'indaco il colore della conoscenza, dell'equilibrio, della purificazione. È un colore che esalta la spiritualità, ma è sconsigliabile, come tutti i colori "freddi", per chi vive momenti di paura o di depressione. Non amano il colore indaco le persone che non riescono ad armonizzare con il mondo che li circonda.

Nella medicina Ayurvedica è utilizzato come antidoto al veleno dei cobra. L'indaco è altresì un colore dalle forti proprietà termoisolanti; non a caso i Tuareg adoperano tuniche tinte di questo colore per sopportare meglio le temperature desertiche.

- L'indaco è talmente rilassante che è usato come lenitivo di dolore, che sia esso fisico o spirituale.
- E' bene adoperarlo in fase di meditazione, quando si è afflitti da problemi e preoccupazioni, quando ci sembra di dover affrontare una difficoltà insormontabile.
- L'indaco è il colore delle soluzioni, perché aiuta ad aprire la mente. Ha un forte potere rasserenante.

L'indaco è un colore di armonia che si può utilizzare in qualsiasi momento del giorno, secondo il proprio sentire. Si consiglia di effettuare un bagno al giorno per almeno 7 giorni consecutivi, questo per consentire al corpo di caricare l'energia del colore, poi diradare l'uso a 2/3 bagni settimanali, secondo le proprie necessità.

L'indaco è il colore del 6° chakra.

Il sesto chakra è il chakra della fronte, terzo occhio. Ha come simbolo due petali di loto colore indaco e si colloca al centro della fronte, circa due dita al di sopra della radice del naso, nella posizione del terzo occhio. Il suo nome in sanscrito significa conoscere, percepire e anche comandare. È l'ultimo chakra collocato all'interno del corpo fisico. Sui due petali del loto vi sono le lettere Ham e Ksam. Il sesto è il chakra dell'assetto mentale superiore e della visione superiore, comunemente chiamato terzo occhio, considerato fondamentale in moltissime pratiche meditative orientali (Tibet e India soprattutto). Si sviluppa in età adulta. Esprime il diritto di vedere la verità, sia essa umana o superiore. Presiede il senso della vista.

Nella sua espressione anteriore è associato alla facoltà di visualizzare e di rendere comprensibili i concetti intellettuali e, nella sua espressione posteriore, alla facoltà di attuazione dei concetti stessi. Se il sesto chakra non è armonico la persona si troverà facilmente in una situazione di confusione in cui idee e concetti corrisponderanno alla realtà e di conseguenza le sue azioni, e cioè la sua capacità di tradurre in pratica le idee verrà a cadere o peggio ancora, si porteranno avanti idee e concetti distorti con le conseguenze del caso per se stessi e per gli altri. Percezione conoscenza e comando sono le prerogative di questo chakra. Esso fa entrare nel mondo non materiale, dell'invisibile, attraverso, appunto, la percezione extrasensoriale per portare conoscenza e, quindi, profonda consapevolezza di quanto circonda l'essere umano, non solo nella materia e permettendo, di conseguenza, di comandare e di guidare la propria esistenza.

A proposito di questo chakra, la pratica esoterica suggerisce che i monaci tibetani spiritualmente più elevati (lama) si sottopongano all'apertura chirurgica del sesto chakra che consente loro, non solo di espandere la propria coscienza, ma anche di collegarsi fra loro per via telepatica. Essi sono inoltre in grado di riconoscere immediatamente e con estrema chiarezza le eventuali negatività, così come le potenzialità spirituali, degli esseri umani che incontrano. Questo centro nel corpo fisico è rappresentato dall'incrocio dei due nervi ottici nel nostro cervello (il "chiasmo ottico") e controllerebbe il funzionamento della ghiandola pituitaria e gli occhi. Un affaticamento eccessivo della vista (per cinema, televisione, computer o lettura di libri) nuocerebbe a questo chakra che sarebbe anche danneggiato dai cattivi pensieri.

Questo chakra permetterebbe di pensare al futuro, creare progetti, di sviluppare percezioni extrasensoriali come la capacità di vedere senza l'uso del senso della vista, di raggiungere stati mistici, di percepire la cosiddetta aura (un presunto campo che circonderebbe le persone, ignoto alla scienza, da non confondere con ciò che viene chiamato aura in medicina) e di viaggiare nel cosiddetto "piano astrale". Il chakra si chiuderebbe in caso di delusioni per la mancata realizzazione di un progetto di vita. Gli squilibri si manifesterebbero attraverso incubi, fenomeni psichici incontrollati o sgradevoli, mancanza completa di sogni, confusione mentale e con malattie collegate alla vista e mal di testa frontale.

Il sesto Chakra rappresenta il pensiero, viene anche chiamato Chakra del Terzo Occhio. Questa è la sede delle più elevate facoltà mentali, delle capacità intellettuali, nonché della memoria e della volontà. Sviluppando la nostra consapevolezza, e aprendo sempre di più il terzo occhio, la nostra immaginazione potrà produrre l'energia necessaria per realizzare i nostri desideri. Quando il Chakra del cuore è aperto e in congiunzione con quello del terzo occhio, possiamo trasmettere le nostre energie guaritrici sia da vicino che da lontano. Nello stesso tempo possiamo avere accesso a tutti i livelli della creazione, livelli che vanno anche al di là della realtà fisica. Una conoscenza di questo tipo ci perviene sotto forma di intuizioni, di chiaroveggenza e di ipersensibilità nell'udire e nel percepire. Cose che prima avevamo sospettato solo vagamente, ci appaiono ora chiaramente.

Questo chakra governa i sogni. Ci sono tre tipi di sogni:

- I sogni inconsci, che riportano a galla vecchie questioni dal subconscio, così da riuscire ad ottenere una comprensione più chiara di come ci sentiamo veramente, anziché di come "dovremmo" sentirci. Possiamo percepire questi sogni come incubi o come opportunità di esseri consci della nostra stessa oscurità, così può essere risanata e rilasciata.
- I sogni consci, che spesso sono le "prove generali" per ciò che stiamo facendo e cercando di fare nella vita diurna. Dopo aver fatto questi sogni potremmo sentirci

stanchi, come se avessimo lavorato tutta la notte e, in un certo senso, lo abbiamo fatto.
- I sogni superconsci, che ci permettono di fare veri viaggi da svegli attraverso i piani interiori. È importante scrivere questi sogni ed integrarli nella vita di tutti i giorni, poiché sono una vera guida spirituale.

Anche se un sogno non viene ricordato, questo rilascia ancora tensione psichica. La ricerca ha dimostrato che le persone che hanno ricevuto un sonno adeguato, ma sono state private dei sogni, diventano disorientate e psicologicamente disturbate. È ancor più di beneficio se impariamo a ricordare i sogni importanti, perché ci danno delle informazioni importanti sul nostro SÉ.

Ci sono due modi efficaci per ricordare i sogni. Uno: diciamo a noi stessi, prima di addormentarci: "mi ricorderò dei miei sogni". Due: prima di aprire gli occhi al mattino, ci raccontiamo qual era il nostro sogno. Quest'attività trasferisce i sogni dall'emisfero cerebrale destro, quello che immagina, alle aree del linguaggio dell'emisfero cerebrale sinistro. Poi, spesso, riusciamo a ricordare i sogni a lungo abbastanza da scriverli. Alcuni sogni non sono difficile da ricordare e, infatti, ci perseguitano finché non li elaboriamo fino alla piena comprensione del loro significato.

La coscienza di questo chakra apre e fa cadere il «velo di maya», l'illusione delle apparenze del mondo. Rappresenterebbe anche il potere di vedere-sapere ciò che non è ancora accaduto, ma sta per accadere. Nel settore individuato da questo chakra si trovano il diencefalo e due ghiandole di importanza fondamentale per il controllo e la regolazione il tutto l'organismo, l'ipofisi e l'epifisi, ossia la ghiandola pituitaria e quella pineale. Entrambe si manifestano all'interno del nostro corpo come il nostro ego e superego. L'ipofisi pende circa al centro della parte inferiore dell'encefalo, al di sotto del terzo ventricolo, ed è accolta in una nicchia dell'osso sfenoide chiamata, a causa della sua forma, sella turcica. E' composta da due parti fondamentali, di derivazione ectodermica: la neuro-ipofisi, derivata dal pavimento del diencefalo (contiene un recesso del terzo ventricolo), e l'adeno-ipolisi, derivata dalla volta dello stomodeo, cioè dalla cavità buccale primitiva. In alcune specie animali rimane, a testimonianza di questa derivazione e della primitiva sede di eliminazione del secreto ipofisario, un dotto di comunicazione tra l'ipofisi e la cavità buccale (in alcuni pesci; in alcuni rettili e uccelli rimane solo un cordone chiuso). Queste ancestrali vie di comunicazione tra compartimenti del corpo, che nell'uomo appaiono completamente separati, costringono a riflettere sulle parole degli yogin che affermano di poter riattivare percorsi e comunicazioni all'interno del corpo, normalmente chiusi. Gli ormoni dell'adeno-ipofisi sono STH-ormone della crescita; TSH-ormone che stimola la tiroide; ACTH-ormone che stimola il corticosurrene; FSH-ormone che stimola la crescita del follicolo ovarico; LH-ormone che stimola il corpo luteo (nei maschi le cellule interstiziali); PRL-ormone che stimola la lattazzione. L'ormone

della parte intermedia è l'MSH-ormone melanocito stimolante (regola la pigmentazione della pelle).
La neuro-ipofisi non sintetizza ormoni, ma accumula e libera i neuro-secreti accumulati dall'ipotalamo; i più importanti sono l'ossitocina, che stimola le contrazioni uterine e la fuoriuscita del latte dalla mammella, e la vasopressina, che stimola il riassorbimento dell'acqua nel rene. Come si vede, l'ipofisi controlla tutto l'organismo, perché controlla le ghiandole endocrine. Ciò che avviene nel sistema diencefalo-ipofisario prefigura, quindi, le modificazioni corporee o psichiche che si manifesteranno nell'individuo. Una disfunzione di questo sistema comporterà, pertanto, uno squilibrio in tutte le funzioni psico-fisiche dell'individuo. Osservando il ruolo dell'ipofisi nell'organismo possiamo dire, servendoci di un linguaggio figurato ma attinente alla realtà, che questa ghiandola (o meglio, il sistema diencefalo-ipofisario) rappresenta «l'ordine costituito», la «regalità» che governa, la capacità di prefigurare, proiettarsi, integrare, controllare tutte le funzioni del corpo, ovvero, per lo yoga, ciò che esiste nel «microcosmo».
L'epifisi è una piccola ghiandola a forma di pigna di meno di 1 cm di lunghezza e 150 gr di peso, situata a livello della parete posteriore del terzo ventricolo, a cui è collegata tramite un peduncolo, come l'ipofisi. Risalendo la scala evolutiva, al di sopra degli anfibi la pineale diviene essenzialmente ghiandolare, sebbene rimangano cellule sensitive ancora poco conosciute, e l'ormone principale da essa prodotto è la melatonina che viene secreta ritmicamente seguendo i cicli luce-buio

dell'ambiente esterno, anche se la ghiandola non è più in contatto diretto con la fonte esterna di luce (ad esempio, nell'uomo). E' come se la sua funzione visiva, prima diretta, fosse stata in grado di interiorizzarsi. La pineale riceve, infatti, un'innervazione afferente dal ganglio cervicale superiore del simpatico, a sua volta collegato all'occhio. La percezione del buio provoca sintesi di melatonina che, inducendo l'aggregazione dei granuli di melanina nella cute, schiarisce la pelle. La luce, invece, diminuisce gli impulsi nervosi del simpatico e blocca la sintesi di ormone: bastano pochi minuti di esposizione a una luce brillante perché si determini una caduta dei livelli circolanti di melatonina. L'integrità di questa via è indispensabile per l'attività della ghiandola. Seguendo i ritmi luce-buio, l'epifisi infatti si sincronizza e sincronizza tutto l'organismo sui ritmi del giorno e della notte, delle stagioni ecc., cioè sui ritmi del macrocosmo che la circonda. L'epifisi sarebbe perciò un «sincronizzatore» interno-esterno, una guida della struttura temporale dell'organismo: indipendentemente dalla visione, l'organismo sa se è giorno o notte o in quale periodo dell'anno siamo. L'epifisi, contemporaneamente, detta il ritmo delle «stagioni» interne: diminuisce la melatonina nella pubertà, durante l'ovulazione, in menopausa, nella vecchiaia. Tutto ciò attraverso una trasformazione dell'impulso luminoso che, materializzandosi, diviene impulso ormonale. Luce, impulso nervoso, epifisi, ormone: la funzione coagulante di Saturno degli alchimisti, il terzo occhio dell'Oriente. Allo stato attuale della ricerca, i bioritmi epifisari sembrano controllare il tono dell'umore, l'equilibrio ormonale, l'equilibrio immunitario e sembrano avere azione antistress. In sintesi, le funzioni organiche corrispondenti a questo chakra sono il controllo sull'equilibrio dell'intero psicosoma, il controllo della capacità di auto riconoscimento o mantenimento dell'integrità della propria individualità, l'interiorizzazione di capacità visive prima dirette all'esterno, con maggiore possibilità di autoregolazione e auto sincronizzazione. Come sempre, troviamo una corrispondenza tra il simbolismo del chakra e le funzioni degli organi compresi nella sua ruota. Se le funzioni sono queste, ancor più si comprende come l'apertura di questo chakra permetta di avere la coscienza e il controllo sull'intero microcosmo umano, di sollevare il velo di maya, le illusioni, liberando l'individuo dallo «spettro del drago uroborico», cioè l'incoscienza totale, che sempre tenta di riassorbirlo in sé.

- Se colore indaco è in un eccesso vi saranno momenti di distrazione, si potrà essere portati a sognare a occhi aperti, sbarrati nelle azioni, con fissazioni e convinzioni fantastiche. L'eccesso di energia indaco potrebbe quindi provocare episodi di allucinazione, illusioni, ossessioni, incubi.
- Se l'indaco sarà in difetto si sarà insensibili, con scarsa memoria e scarsa immaginazione, difficoltà alla visualizzazione, incapacità a ricordare i sogni, tendenza a negare l'evidenza. Il

difetto di energia indaco provocherebbe problemi di vista, alterazioni cutanee spesso su base emotiva, facilità alle lacrime.

Indicazioni:

- E' un purificatore del sistema circolatorio, sangue compreso, ed anche un purificatore mentale.
- E' utile per le infiammazioni agli occhi, per le malattie dell'orecchio e dell'udito.
- Proiettando un raggio di colore indaco nell'orecchio di chi soffre di acufeni (ronzii o suoni auricolari), si riesce a debellare la patologia.
- Nelle febbri connesse con disfunzioni del sistema linfatico lo si irradia sull'inguine e sotto le ascelle.
- Molti sportivi lo adottano per tonificare il muscolo, in quanto l'indaco depura il sangue e migliora i tessuti, anche in superficie.
- Favorisce la produzione dei fagociti nella milza.

Controindicazioni:

- Soggetti che tendono a farsi carico dei problemi di tutti.
- Persone introspettive che spesso soffrono di attacchi d'ansia o incubi.
- Depressione.

Oli essenziali associati al sesto chakra

Menta, mirra, violetta, citronella, cajeput, anice, elicriso, salvia, angelica e lavanda attivano il quinto chakra.

Miscelare ogni singolo olio essenziale con un olio vettore, ad esempio olio di jojoba o di mandorle, nel rapporto di 2 gocce per cucchiaio di olio vettore, quindi 2 gocce ogni 10 ml di vettore. Essendo questo un "trattamento vibrazionale" una miscela molto diluita avrà un'azione più profonda e marcata. Massaggiare il chakra su cui si vuole lavorare con la miscela contenente l'olio essenziale scelto. Utilizzare poche gocce e applicarle lentamente con la punta delle dita e con un movimento circolare in senso orario. Mentre si massaggia il Chakra focalizzarsi sul risultato che si vuole ottenere, visualizzando l'energia armonica dell'olio mentre apre e riequilibra il chakra. Dopo il trattamento rimanere distesi e rilassati per un po', permettendo al Chakra di riequilibrarsi. Respirare profondamente e lentamente, cercando di liberare e svuotare la mente il più possibile.

In alternativa al massaggio, aggiungere qualche goccia dell'olio essenziale scelto per il trattamento al diffusore di essenze. Concentrarsi e focalizzarsi sulla propria intenzione terapeutica, visualizzare l'energia aromaterapica dell'olio essenziale, aprire e riequilibrare il chakra. Rilassarsi per almeno una mezzora.

Menta

Il nome "menta" deriva dal greco Mintha, una ninfa figlia di Cocito, uno dei cinque fiumi degli Inferi, amata da Plutone e trasformata in pianta dalla dea Persefone, sua sposa. Secondo la mitologia, la dea scoprì il tradimento del marito e, presa da un impeto di gelosia, volle vendicarsi trasformandola in una piantina poca vistosa e all'apparenza insignificante, relegandola a crescere vicino le sponde dei fiume paterno, in prossimità delle acque. Tuttavia per non sdegnare del tutto Plutone permise che la piantina possedesse ancora qualcosa di piacevole in ogni parte del suo corpo: l'aroma fresco del suo profumo. Già Plinio enumerò tutte le sue proprietà, esaltandone la fragranza, "in grado di eccitare l'animo e di stimolare l'appetito".

I preparati a base di menta, secondo lo storico romano, guarivano l'angina tonsillare, gli sputi sanguigni della tubercolosi, il singhiozzo, il vomito, e aiutavano a eliminare i parassiti. Nel XVIII° secolo Nicolò Lemery, nel suo Trattato delle droghe semplici, espose una sua interpretazione relativa alle presunte virtù eccitanti e toniche della pianta: "Mentha è dedicata a mente perché questa pianta fortificando il cervello, risveglia i pensieri o la memoria".

Se inalato, ha un effetto rinfrescante e rigenerante sulla psiche. Viene efficacemente impiegato per favorire la concentrazione durante lo studio per esami, o per migliorare il rendimento in ufficio. L'olio essenziale di menta svolge inoltre un'azione

tonificante, utile in caso di affaticamento psico-fisico e problemi di tipo neurovegetativo, dovuti a stati di stress, come ansia, insonnia, depressione.
Se massaggiato localmente è utile per tutti i tipi di mal di testa, da quelli digestivi a quelli provenienti dal cambio di pressione. Ottimo anche per dare sollievo alle tensioni cervicali, dolori mestruali, in caso di distorsioni, dolori muscolari e reumatismi in quanto esercita un'azione analgesica e antireumatica. Due gocce di menta in un cucchiaio di olio di mandorle e massaggiare localmente per crampi insistenti, cattiva digestione; sulle tempie in caso di mal di testa.
Diffusione ambientale: 1 goccia di olio essenziale di menta, per ogni mq dell'ambiente in cui si diffonde, mediante bruciatore di oli essenziali o nell'acqua degli umidificatori dei termosifoni, per un effetto rigenerante e purificante negli ambienti dei fumatori e nelle stanze di chi studia.

Controindicazioni: Non applicare l'olio essenziale di menta allo stato puro sulla pelle, ma mescolarla sempre con un olio di base (olio di Jojoba, olio di mandorle dolci). Non è adatto ai bambini di età inferiore ai 12 anni. E' opportuno che chi segue una cura omeopatica eviti l'uso dell'olio essenziale di menta piperita, perché si potrebbero verificare delle interazioni. Fare attenzione agli occhi, in quanto è altamente irritante per le mucose. Non superare le dosi, consigliate.

Mirra

Appartiene alla famiglia delle resine e, infatti, è associata all'incenso e all'oro, ricordando la leggenda dei Re magi e dei doni che portarono a Gesù, dopo la sua nascita. Le difficoltà di approvvigionamento e l'incetta commerciale la rendevano, infatti, un dono prezioso. Ne fanno menzione gli antichi libri di storia fino a più di 3.000 anni fa. Da secoli è usata come componente dell'incenso a scopi religiosi. Gli Egizi la impiegavano, oltre che nei riti di adorazione del sole, anche nei processi di imbalsamazione, nelle miscele con altri oli essenziali. In Grecia antica la mirra era ampiamente utilizzata, fino a mescolarla con il vino e un episodio mitologico narra della sua origine, legandola a Mirra figlia del re di Cipro, che per aver avuto rapporti incestuosi col padre, venne trasformata da Afrodite, in un albero dalla resina profumata. Da questa unione dopo nove mesi la donna-albero diede alla luce Adone. Da secoli si conoscono le sue virtù astringenti, disinfettanti e cicatrizzanti. Gli antichi usavano portare con sé in battaglia della pasta di mirra da spalmare sulle ferite. Le donne egiziane la utilizzavano in maschere per il viso contro le rughe, come tuttora fanno in Africa e nei paesi arabi. Gli israeliani mettono la mirra polverizzata direttamente sullo spazzolino da denti come pasta dentifricia. Nella medicina tradizionale cinese è impiegata come rimedio curativo di piaghe ed emorroidi e nei problemi del ciclo mestruale, come l'amenorrea. Essa oggi è presente in quasi tutte le farmacopee nazionali europee.

- Parte utilizzata: resinoide.
- Metodo di estrazione: distillazione in corrente di vapore.
- Nota di base: profumo caldo, speziato, amaro, balsamico.

Armonizzante: questo olio è molto apprezzato in aromaterapia come sedativo, antidepressivo e come promotore di sentimenti spirituali. La mirra serve a equilibrare il mondo spirituale con quello materiale, dandoci forza e ottimismo, in modo particolare aiuta le persone che hanno paura di rivelare i loro sentimenti. Rende umili e devoti, predisponendoci a ricevere energia e amore dagli altri. Aiuta a vincere la paura della morte e il dolore della separazione. Regina dei blocchi emozionali e della nostra incapacità di vivere spiritualmente, ci stimola soprattutto durante il sonno eliminando in noi tutti gli eccessi.

Diffusione ambientale: 1 goccia di olio essenziale di mirra per ogni mq dell'ambiente in cui si diffonde, mediante bruciatore di oli essenziali o nell'acqua degli umidificatori dei termosifoni, contro tosse e raffreddore e per disinfettare l'aria degli ambienti.

Uso cosmetico: impacchi contro eczemi; in 300 ml di acqua distillata mettere 6-7 gocce di mirra. Con compresse di garza sterile fare impacchi alle zone interessate. Ripetere quotidianamente finché non si noterà un miglioramento.

Controindicazioni: L'olio essenziale di mirra non è irritante, non provoca sensibilizzazione e a bassi dosaggi non è tossico. Usare con moderazione. E' assolutamente da evitare il suo uso interno durante la gravidanza e l'allattamento. La mirra, in dosi elevate, può causare sudorazione, nausea, vomito e accelerazione del battito cardiaco.

Violetta

L'olio essenziale si estrae dai fiori freschi, che si raccolgono durante il periodo della massima fioritura, per distillazione in corrente di vapore. Il prodotto ottenuto è un liquido verdognolo, che emana un profumo molto intenso.
l profumo dell'olio essenziale di violetta è considerato afrodisiaco. Aggiungendo all'acqua per il bagno l'olio essenziale di violetta, noce moscata e gelsomino, si stimola la sensibilità femminile e si rilassano mente e corpo.
Una compressa rinfrescante a base di essenza di violetta lenisce il mal di testa, grazie alle sue proprietà astringenti. Aggiungere 1 goccia d'olio essenziale a 1/4 l d'acqua e immergervi un fazzoletto, strizzarlo e porlo sulla fronte.
Poi sdraiatesi per circa mezz'ora e rilassarsi.
All'occorrenza ripetere l'applicazione.
la viola, sensibile e delicata, può essere usata laddove si voglia aumentare la sensibilità, la ricettività, la creatività del pensiero, per lenire ferite dell'esistenza e in particolare le delusioni d'amore: si ritiene infatti che il suo profumo "conforti e corrobori il cuore".
L'aroma è squisitamente femminile, ma può essere usato, per massaggi o bagni, anche per il sesso maschile, per ammorbidire e smussare gli spigoli di un carattere rude, o per chi è troppo prosaico, alieno da poesia e da sentimento nella misura di una goccia da aggiungere a essenze più maschili.
Nella sfera amoroso- sessuale, la viola agisce a

livello del cuore, nel senso che addolcisce, inclina all'amore e al sentimento, ma grazie all'azione del "blu che si mescola al rosso" e che aggiunge una nota rinfrescante, rischiara la mente e la rende più aperta, più riflessiva e pacata, rilassa e abbassa le tensioni. A livello organico la viola ha proprietà espettoranti utili in caso di tosse o bronchite, depura la pelle e deterge i pori (in questi casi è indicata per lavaggi o comprese di acqua calda, bagni di vapore); stimola la circolazione e ha un'azione antinfiammatoria in caso di problemi circolatori agli arti o reumatismi.

Citronella

Il prezioso olio essenziale, dall'aroma molto simile a quello del limone, viene estratto a partire dalla pianta fresca, leggermente essiccata, e presenta un colore giallognolo tendente al marroncino.
L'olio essenziale di citronella annovera proprietà stimolanti tanto che in aromaterapia è usato per allontanare stati di tristezza e depressione.
Se spalmata sul corpo svolge un'azione disintossicante e rilassante, combatte l'iper sudorazione e funge da deodorante. Inoltre scioglie il grasso dalla superficie della pelle combattendo acne e seborrea, anche sul cuoio capelluto. La medicina tradizionale cinese impiega da secoli la citronella come rimedio contro i reumatismi. Altre popolazioni utilizzano i principi attivi contenuti nelle sue foglie per combattere i parassiti intestinali, per allontanare gli insetti, contro i problemi digestivi e la febbre. La citronella ha un odore che ricorda il limone e viene largamente usata in India e in altri paesi dell'Asia come ingrediente di salse e zuppe e per la preparazione di tisane. Come stimolante, l'olio essenziale di citronella esplica le sue attività stimolanti sul sistema nervoso: genera uno stato di calma, rilassamento e ottimismo, allontana i pensieri tetri che dispongono l'animo alla depressione e alla tristezza. Svolge un'azione positiva in caso di mal di testa dovuto a tensione nervosa, stress, stanchezza psicofisica e sugli stati di deconcentrazione. Utilizzato quando si guida per

molte ore, alcune gocce sul fazzoletto, stimola l'attenzione del guidatore. Come tutti gli oli essenziali svolge un'azione antisettica sui batteri, soprattutto quelli che provocano i cattivi odori. Se diluito 2 gocce nell'acqua del pediluvio è efficace contro l'eccessiva sudorazione.

Per un massaggio distensivo, diluire 3 gocce di olio essenziale di citronella in 2 cucchiaini di olio di mandorle dolci. Se massaggiato sul ventre è utile per chi soffre di digestione lenta, meteorismo, o spasmi addominali; se applicato su fronte e tempie, questa miscela è indicato contro il mal di testa, causato da tensione nervosa.

Uso interno: grazie alle sue proprietà sedative, produce un rapido effetto calmante. 2 o 3 gocce diluite in una zolletta di zucchero o in un cucchiaino di miele, 1-2 volte a giorno.

Controindicazioni: In alcuni individui si può manifestare allergia al contatto con le foglie della pianta. E' quindi sconsigliato l'utilizzo dell'olio essenziale puro sulla pelle. L'inalazione eccessiva e prolungata può aumentare la frequenza cardiaca ed è quindi sconsigliato a chi soffre di tachicardia e palpitazioni. Da evitare in gravidanza.

Cajeput

L'olio essenziale di Cajeput è ritenuto uno dei più potenti antisettici naturali esistenti. Possiede nello stesso tempo un effetto calmante e armonizzante sull'organismo. In aromaterapia costituisce una nota di testa, per via dell'alta volatilità e della rapidità d'azione. Le caratteristiche antisettiche lo rendono benefico nel trattamento di disturbi dell'apparato respiratorio quali asma, bronchite, tosse, mal di gola e sinusite. Viene inoltre impiegato per la cura di cistiti e prostatiti. Gli svariati impieghi e le numerose proprietà benefiche permettono di utilizzarlo in sostituzione del più noto olio essenziale di Tea Tree, rispetto al quale presenta un profumo meno penetrante. Originario dell'Australia, delle Filippine, dell'Indonesia e del Vietnam, il cajeput viene coltivato in Oceania, India e Florida. Il nome della pianta e dell'olio vengono dal malese kaju-puti, che significa "albero bianco", per il colore del legno. Liquido limpido incolore o color verde-giallo. La colorazione è dovuta all'ossidazione del rame, ceduto dagli alambicchi, oppure alla presenza di sostanze vegetali colorate come la clorofilla. Ha un odore speciale, grato, che ricorda quello della canfora e del rosmarino, con sapore prima acre, bruciante e poi rinfrescante e amaro, aromatico.
Come analgesico, se massaggiato su parti doloranti svolge un'azione antinfiammatoria, utile nel trattamento sintomatico del mal di testa, dolori articolari, artriti, nevralgie e gotta. In caso di reumatismi o di dolori muscolari, l'olio di

mandorle dolci costituirà un perfetto olio di base in cui diluire l'essenza. Aggiungete a 250 ml di olio di Mandorle dolci 25 gocce di olio essenziale di cajeput. Usate questa miscela due volte al giorno per massaggiare le zone colpite da dolori reumatici o muscolari. L'effetto sarà migliore se coprirete, la parte con un panno di lana caldo.

Controindicazioni: Non vengono descritte controindicazioni nell'utilizzo di questo olio essenziale anche se è consigliabile prudenza negli stati di gravidanza. In alte dosi l'olio essenziale di cajeput può provocare nausea, vomito e gastrite. L'assunzione non deve essere effettuata in presenza di ipersensibilità accertata ai suoi componenti. Può potenziare l'effetto o il metabolismo dei farmaci, tra cui barbiturici e medicinali per la riduzione della glicemia da somministrare per via orale.

Anice

I frutti di anice verde vengono utilizzati per favorire la digestione ed eliminare gas presenti nello stomaco e nell'intestino, nel trattamento della tosse, per fluidificare le secrezioni bronchiali e favorire l'espettorazione del catarro e come galattogogo, cioè per aumentare la montata lattea. L'Anice ha inoltre virtù antispasmodiche contro i crampi intestinali e sedative nel caso di insonnia ed eccitazione nervosa. I Greci utilizzavano i semi di anice per fluidificare il catarro. Nell'antichità la pianta di anice verde era considerata sacra per le sue proprietà medicamentose. Alla tavola del re Assiro Assurbanipal non poteva mancare per le sue proprietà digestive. A tal fine venne introdotta anche come genere di sussistenza nel bagaglio dei militari anche per le proprietà carminative e disinfettanti dell'apparato gastrointestinale. I monaci introdussero l'anice verde nelle loro ricette per realizzare liquori aromatizzati.

Controindicazioni: non deve essere utilizzato in gravidanza poiché stimola le contrazioni uterine. Ad alte dosi, l'olio essenziale di anice verde può provocare stato di ebbrezza accompagnato da tremori. L'abuso cronico determina convulsioni e confusione mentale. Può manifestare interazioni con farmaci antinfiammatori e cortisonici. La tossicità dell'olio essenziale ha azione stupefacente caratterizzata da un'eccitazione iniziale seguita da paresi muscolare, ebbrezza e profonda ipnosi; 45 gocce provocano effetto ipnotico per 12 ore.

Elicriso

L'olio essenziale di elicriso è noto per le sue proprietà lenitive, antistaminiche, antinevralgiche, micologiche, decongestionanti e antiasmatiche. I benefici si vedono soprattutto nella cura di disturbi del sistema respiratorio, come tosse, catarro, infiammazioni di origine allergica delle mucose. L'olio essenziale di elicriso è indicato sia per uso interno sia per uso esterno. E' noto anche per le proprietà diuretiche, sudorifere e disintossicanti. La sua forza risiede nella capacità di eliminare i residui tossici dai tessuti, in particolare da reni e fegato. Si tratta anche di un ottimo aiuto in caso di diete dimagranti. Fa bene anche la pelle, in quanto la rigenera, eliminando macchie, cicatrici, ispessimenti e lesioni. Ottimo per massaggi linfodrenanti. L'olio essenziale di elicriso ha anche una forte azione lenitiva e protettiva, anti radicali liberi, ed è ottimo quindi se si aggiungono poche gocce alla normale crema solare. Inoltre, combatte disturbi gengivali e diventa un ottimo collutorio naturale se aggiunto a una tisana fresca a base di malva o salvia per farne risciacqui. L'uso medicinale di questa essenza risale agli albori della scienza erboristica, negli antichi manuali lo si trova indicato per la cura delle malattie della pelle. Si tramanda nella mitologia greca che le gocce del prezioso olio essenziale siano state la ricetta di felicità di Arianna, abbandonata da Teseo, poiché l'hanno aiutata a guarire le ferite del cuore. L'Elicriso è un fiore che non appassisce anche dopo che viene colto.

- Parte utilizzata: fiori e sommità fiorite. Se la distillazione del materiale vegetale si verifica entro 24 ore dalla raccolta, le giovani piante hanno un rendimento maggiore rispetto alla quantità di olio prodotta dalle piante più anziane.
- Metodo di estrazione: distillazione in corrente di vapore.
- Nota di base: il suo profumo solare, caldo e legnoso sottolinea un forte attaccamento di questa pianta alla terra da cui trae la sua tipica nota di base.

Disintossicante naturale: basta aggiungere alla tisana del mattino, prima di colazione, un paio di gocce di olio essenziale, ricordandosi che bardana, gramigna, tarassaco e carciofo sono tra le migliori detossinanti; inoltre depura il fegato: assumere 1 goccia al giorno per due settimane.

Diffusione ambientale: 1 goccia di olio essenziale Cajeput per ogni mq dell'ambiente in cui si diffonde, mediante bruciatore di oli essenziali o nell'acqua degli umidificatori dei termosifoni, per purificare l'aria e in caso di sintomi influenzali.

Bagno rilassante: miscelare all'acqua calda nella vasca 10 gocce di olio essenziale di elicriso. Questo bagno avrà anche un ottimo effetto anti-età sull'epidermide, ne aumenterà la tonicità e l'elasticità, rendendola morbida e setosa.

Trattamento depurativo: da effettuare una volta all'anno. Per quattro settimane, dopo colazione sorbire una tazza di tisana alle erbe nella quale avremo miscelato 1 cucchiaino di miele naturale e 1 goccia di elicriso. Questo trattamento depura e disintossica il nostro organismo e aumenta le difese immunitarie.

Controindicazioni: non presenta particolari controindicazioni, ma è bene consultare il medico per eventuali applicazioni esterne in soggetti che assumono anticoagulanti; è sconsigliato in gravidanza e nei bambini. Solitamente non scatena irritazioni della pelle ma come per qualsiasi prodotto che si applica per la prima volta è bene effettuare un piccolo test su una porzione di pelle per valutare una eventuale ipersensibilità ai suoi eccipienti. Tenere fuori dalla portata dei bambini. Non usare in gravidanza e durante l'allattamento.

Salvia

Della salvia sono particolarmente note le sue proprietà antinfiammatorie, balsamiche, digestive ed espettoranti. Essa inoltre è in grado di curare le sindromi mestruali dolorose e i disturbi della menopausa, in particolare quel fastidioso disturbo chiamato "caldane": per questo viene anche chiamata "estrogeno naturale". Offre una buona risposta contro la ritenzione idrica, gli edemi, i reumatismi e le emicranie ed è anche indicata nelle gengiviti e gli ascessi. È un "deterrente" del diabete e accelera il processo di cicatrizzazione dopo una ferita. Nell'antichità, era considerata una pianta sacra. Il suo nome deriva dal latino, salvere, da cui "salvare", perché creduta benefica per qualsiasi male. Nel Medioevo si usava mettere qualche foglia, ricca di olio essenziale, in bocca, prima di andare a dormire, per favorire sogni divinatori o risolutivi di problemi. Infatti, uno dei nomi con cui era definita la salvia anticamente era "occhio chiaro". Si supponeva che rinforzasse la vista e lo sguardo interiore: che aiutasse a "vedere" più chiaramente.
Se inalato induce calma e serenità in presenza di stress, nervosismo, angoscia, paure e paranoie. Ottimo supporto per superare le crisi di mezza età e la menopausa, per le persone che non osano più, i rassegnati, che si sentono "troppo vecchi" e vivono in uno stato di depressione. Agisce a livello emozionale, sulla nostra creatività permettendoci espressioni e "licenze poetiche" degne di artisti nati; infonde coraggio per realizzare progetti

creativi o sostenere gli esami. In caso di stati depressivi, assumere due volte al giorno 1 goccia di olio essenziale di salvia sclarea e 1 di menta piperita in un cucchiaino di miele (o una zolletta di zucchero).

Equilibrante del sistema ormonale femminile: diluita in olio di mandorle e massaggiata sul corpo, gli spiccati effetti sul sistema riproduttivo influiscono beneficamente sulle somatizzazioni derivate dal loro disequilibrio, come ristagni linfatici, cellulite, sindrome premestruale, vampate della menopausa, dolori mestruali, amenorrea o mestruazioni abbondanti, alopecia dovuta a squilibri ormonali. Impacchi per pelle grassa: mettere 10-12 gocce di olio essenziale di Salvia in 200 ml di acqua. Con pezzuole di tela o con compresse di garza fare impacchi prolungati sulla pelle del viso. Fare questi impacchi per almeno un quarto d'ora e ripeterli due volte alla settimana, regolarmente.

Controindicazioni: Contrariamente alla varietà "officinale" non irrita, non dà sensibilizzazione e non è tossica, ma preso in dosi elevate causa sonnolenza, paralisi e convulsioni. L'olio essenziale di salvia è controindicato in gravidanza e allattamento. Se ne sconsiglia l'uso in concomitanza con medicinali o sostanze a base di ferro e a non associarla all'assunzione di bevande alcoliche, in quanto può potenziare gli effetti dell'alcool.

Angelica

Le proprietà curative dell'Angelica si narra che siano state rivelate a un monaco da un angelo, da qui il suo nome. Utile durante i mesi invernali, quando imperversano raffreddori e virus influenzali. Si dice che sia un aiuto per la fertilità, in quanto aiuta a regolare il ciclo femminile. Forte immunostimolante utile per combattere numerose infezioni, soprattutto se di natura cronica, assumere 2-3 gocce di essenza di angelica diluite in un cucchiaino di tintura madre di propoli, due o tre volte al giorno. L'olio favorisce la guarigione di infiammazioni ai bronchi poiché scioglie il catarro e favorisce l'espettorazione. Indicato per il trattamento di colite, colite spastica e difficoltà digestive. Specifico per la diverticolite. Efficace depurativo, 1 goccia al giorno per ventotto giorni è consigliata nei cambi di stagione. Aiuta a recuperare le forze nella convalescenza.

Un bagno completo con l'aggiunta di 8 gocce di olio essenziale di angelica aiuta a stimolare la sudorazione, aiutando in questo modo l'organismo a eliminare i liquidi in eccesso e le tossine.

Contro il mal di viaggio in caso di nausea durante il viaggio e per contrastare la sensazione di stanchezza, 1 goccia su un fazzoletto, il profumo calma il sistema nervoso e aiuta a regolarizzare l'attività dello stomaco. In caso di ansia, insonnia e agitazione. Scaccia le paure e fortifica. Dona energie, ristora e conforta nei momenti più duri.

Controindicazioni: l'angelica è sempre contro indicata in caso di gravidanza e allattamento. Si sconsiglia anche l'assunzione quando ci si espone alla luce solare perché contengono furanocumarine, delle sostanze fototossiche.

In caso di ipersensibilità all'angelica, si possono verificare anche sanguinamenti, un effetto lassativo e febbre.

Lavanda

La lavanda viene coltivata per le sue molteplici applicazioni in cosmetica, fitoterapia e aromaterapia oltre che come ornamento di giardini, aiuole e bordure. Originaria dell'Europa meridionale e occidentale, quella provenzale è la più famosa; fu pianta preziosa già per gli antichi Romani che mettevano mazzetti di fiori nell'acqua dei bagni termali. I fiori alquanto profumati, sono raggruppati in sottili spighe blu violette. La lavanda veniva utilizzata già allora come base per raffinati profumi e per preparare decotti e infusi usati per la bellezza della pelle e dei capelli. In un passato più recente sappiamo che in ogni casa di città o di campagna non c'era armadio o cassettone che non avesse sacchettini di lavanda per profumare la biancheria e tenere lontane le tarme. Questa delicata consuetudine sta tornando ora di moda e ci ricorda antiche tradizioni e sensazioni di pulizia e cura per la casa. Il chimico francese, Renè Maurice Gattefossé, a cui è attribuita l'invenzione del termine "aromaterapia " nel 1928, e che contribuì alla rinascita dell'interesse dell'uso degli olii essenziali a scopo terapeutico, ebbe a proprie spese, notato che l'olio essenziale di lavanda, che lui stava utilizzando per miscele di profumi, aveva notevole capacità di fare guarire le ferite da ustioni. Infatti, mentre stava lavorando a dei profumi si bruciò accidentalmente un braccio e per reazione lo infilò nel liquido a lui più vicino. Il caso volle che quel liquido fosse proprio olio essenziale di lavanda che lo fece guarire dall'ustione in brevissimo tempo.

- Parte utilizzata: sommità fiorite.
- Metodo di estrazione: distillazione in corrente di vapore.
- Nota di cuore: profumo erbaceo, molto dolce, leggermente floreale.

L'olio essenziale di lavanda ha uso sia esterno sia interno. Unito a creme, oppure facendone cadere qualche goccia nell'acqua del bagno ben calda, oppure ancora applicato direttamente sulla pelle per massaggi, aiuta la purificazione delle epidermidi grasse e impure, facilita la cicatrizzazione di piaghe, abrasioni e ferite, stimola la circolazione, specie quella del cuoio capelluto. L'aroma emanato dall'olio essenziale di lavanda è rilassante e sedativo e massaggiato sulla nuca sembra che aiuti a tenere lontani i pidocchi.

Rilassante: se inalato, esercita un'azione riequilibratrice del sistema nervoso centrale, essendo contemporaneamente tonico e sedativo; calma l'ansia, l'agitazione, il nervosismo; allevia il mal di testa e i disturbi causati dallo stress; aiuta a prendere sonno in caso di insonnia. Un rimedio naturale contro l'emicrania consiste nell'aggiungere 10 gocce di olio essenziale di lavanda e 2 gocce di olio essenziale di menta a un bicchierino (50 ml) di olio vegetale. Frizionare le tempie con un massaggio circolare usando questo composto. Chi soffre di mal di testa cronico può farlo 2 o 3 volte al giorno. L'olio essenziale di lavanda è anche un rimedio naturale contro l'otite. Aggiungere a 2 cucchiai di olio vegetale, 2 gocce di olio essenziale di lavanda, 2 gocce di olio essenziale di eucalipto radiata e 2 gocce di melaleuca. Frizionare e massaggiare delicatamente intorno alle orecchie.

Disturbi infantili: è un'ottima essenza per i bambini: coliche, irritabilità, raffreddori, agitazione notturna, possono essere alleviati da un massaggio sulla nuca o sul petto con olio essenziale di lavanda o con qualche goccia dell'essenza messa sul cuscino o nell'acqua degli umidificatori dei termosifoni.

Diffusione ambientale: 1 goccia di olio essenziale di lavanda per ogni mq dell'ambiente in cui si diffonde, mediante bruciatore di essenze o nell'acqua degli umidificatori dei termosifoni per alleviare mal di testa, tensione nervosa, stress, insonnia.

Bagno tonificante: 10 gocce nell'acqua della vasca, emulsionare agitando forte l'acqua, quindi immergersi per 10 minuti per usufruire dell'azione decongestionante per il sistema muscolare e per dolori reumatici e articolari

Controindicazioni: L'olio essenziale di lavanda non ha particolari controindicazioni. Tuttavia si ricorda sempre di utilizzarlo per via inalatoria o in frizione e, in caso di dubbi, consultare sempre il medico prima di utilizzarlo. È bene ricordarsi, infatti, che l'olio essenziale, per quanto sia considerato sicuro, potrebbe avere alcune controindicazioni se utilizzato in maniera impropria o eccessiva. Il consulto del medico o dell'erborista quindi, deve essere richiesto. L'olio essenziale di lavanda è uno dei pochi oli di questa famiglia che può essere utilizzato anche puro, anche se è sempre consigliato diluirlo in acqua, creme o gel.

- Come per molti altri oli essenziali, le donne incinte o che allattano dovrebbero evitare l'uso di olio essenziale di lavanda.
- Si raccomanda inoltre che i pazienti con diabete di stare lontano da olio di lavanda.
- Può anche causare reazioni allergiche alle persone che hanno la pelle particolarmente sensibile.
- Alcune persone possono anche accusare nausea, vomito e mal di testa a causa dell'utilizzo di un olio essenziale non adatto.
- Ancora più importante, l'olio di lavanda non dovrebbe mai essere ingerito, ma applicato solo localmente o inalato attraverso mezzi di aromaterapia o attività simili.
- L'ingestione può causare gravi complicazioni di salute, caratterizzato da visione offuscata, difficoltà respiratorie, bruciore agli occhi, vomito e diarrea.

Fiori Himalaya associati al sesto chakra

I Fiori Himalayani Enhancers influiscono direttamente nei vari livelli d'energia controllati dai Chakra, rimovendo i sentimenti negativi e stimolando quelli positivi. I Fiori Himalayani Enhancers sono stati individuati da Tanmaya nel 1990, durante una sua permanenza durata alcuni mesi in una valle Himalayana. Il termine Enhancers significa catalizzatori, perché le essenze non sono solo rimedi volti a lavorare su emozioni e stati interiori negativi ma favoriscono anche processi di riequilibrio energetico e di sviluppo spirituale molto profondi per portare alle luce qualità sepolte all' interno della persona. Possono essere assunti puri da soli o diluiti insieme ai Fiori di Bach o ad altri Fiori. Le prime preparazioni di Tanmaya riguardarono nove combinazioni, sette direttamente collegati ai plessi, meglio noti col nome indiano di chakra più un catalizzatore generale e un fiore particolarmente indicato per i bambini; successivamente il loro numero si è moltiplicato con la scoperta di nuovi fiori, adatti a modulare emozioni specifiche.

Sono Fiori con un effetto molto rapido e potente, a differenza dei Fiori di Bach, che sono tra i più lenti e delicati; questa potenza a volte è molto utile, altre volte può rappresentare un rischio di eccessiva azione. Mentre i Fiori di Bach possono essere considerati rimedi principalmente emozionali, cioè volti al riequilibrio delle emozioni umane, i Fiori Himalayani, proprio grazie alla natura del terreno sul quale crescono, si rivolgono essenzialmente alla dimensione spirituale dell'uomo, stimolando il bisogno di preghiera, di meditazione e di connessione con il divino che dimora in lui.

Le essenze floreali himalayane sono estratti liquidi che contengono l'energia del fiore da somministrare generalmente per via orale, inoltre possono essere usate nell'acqua del bagno, nebulizzate sul corpo o nell'ambiente, oppure unite all'olio per il massaggio.

Clarity

Aumenta la chiarezza, la consapevolezza, l'acume, la percezione, l'intuizione, la perspicacia, la spiritualità, la chiaroveggenza, la meditazione, la concentrazione, il potere personale, l'abilità di vedere nel cuore delle cose e di capire, l'estasi, il senso dell'Uno Cosmico.

Fornisce chiarezza e direzione, la capacità di cogliere i segni. Aiuta i mal di testa, riduce l'eccesso di energia sessuale, aiuta a superare l'isolamento, l'alienazione, la mancanza di senso nella vita. È di soccorso nelle carenze di concentrazione, della coscienza di se quando mancano chiarezza e direzione. E' di aiuto nel mal di testa, bilancia l'eccesso di energia sessuale; aiuta anche a superare l'isolamento, l'alienazione, la mancanza di significato della vita.

Un blocco di energia nel sesto Chakra può provocare una disfunzione del sistema endocrino con conseguenti patologie che possono essere anche gravi. A livello mentale ciò potrebbe provocare un blocco psichico, una dissociazione con il proprio Io profondo, confusione, perdita di memoria, di chiarezza, difficoltà a scegliere e decidere. Le capacità di conoscenza del mondo reale e di ragionamento sono ridotte. La posologia di assunzione delle essenze, pure o diluite, e è di due gocce sotto la lingua più volte al giorno

Fiori Californiani associati al sesto chakra

I Fiori Californiani estendono i Fiori di Bach. Richard Kats e Patricia Kaminski, fondatori della FES (Flower Essence Society), insieme al lavoro di altri ricercatori hanno scoperti più di 150 fiori a partire dal 1979. Lavorano su problematiche specifiche più moderne e attuali e che al tempo in cui Bach è vissuto non erano così preponderanti o non se ne parlava ancora come oggi: l'anoressia e la bulimia, i disturbi sessuali, le malattie derivate dall'inquinamento ambientale. E' possibile creare delle essenze composite unendo Fiori di Bach e Californiani, così come essenze di altri repertori floriterapici di altre parti del mondo. I rimedi floreali californiani si preparano nello stesso, semplice modo dei fiori di Bach, ponendo le corolle di fiori selvatici in una ciotola di vetro piena d'acqua di sorgente e lasciandoli in infusione al sole per qualche ora. Questo liquido, ricchissimo di forza vitale, viene poi filtrato, diluito in brandy e utilizzato per la preparazione delle cosiddette stock bottles (o concentrati).

La scelta delle essenze, come avviene per i fiori di Bach, é sempre personalizzata e in relazione allo stato d'animo e alle emozioni che si vogliono riequilibrare. Una volta scelto il rimedio o i rimedi indicati per il problema personale, si versano due gocce di ciscuno in una boccettina con contagocce da 30 ml., riempita con acqua minerale naturale e due cucchiaini di brandy come conservante.

Il dosaggio è di 4 gocce 4 volte al giorno, per un periodi di alcune settimane o comunque fino al miglioramento o alla scomparsa dei sintomi.

Essendo una cura del tutto naturale e priva di tossicità, non presentano alcuna controindicazione, non provocano effetti collaterali, possono essere combinati senza problemi sia ai farmaci tradizionali sia a quelli omeopatici (di cui sono considerati complementari) o ad altri rimedi floriterapici.

Black Eyes Susan

Per le persone che hanno vissuto un trauma o sofferenze talmente grandi che sono state rimosse, ma che hanno portato a stati di depressione, ansia, angoscia, che sembrano emergere senza un motivo apparente. Questo fiore aiuta a integrare tutto ciò che è stato rimosso. Porta luce nel buio interiore, favorisce l'eliminazione delle tossine emozionali sviluppando il coraggio di sviluppare il lato oscuro della personalità e stimolare la consapevolezza e la trasformazione positiva del vissuto emozionale.

Quindi è utile nel caso di vecchi traumi rimossi, amnesie di tipo emozionale, insonnia e depressione senza motivazione.

Una volta che l'individuo Black Eyes Susan riesce ad affrontare tali parti sepolte della psiche e a indirizzarle in un appropriato ambiente terapeutico, egli vivrà un forte risveglio di energie.

Black Eyes Susan riporta luce e consapevolezza, aiutando l'individuo a integrare e a trasformare le parti della psiche non riconosciute.

California Poppy

Per coloro che sono attratti dal mondo spirituale ed eterico e ricorrono a guide carismatiche, droghe o rituali magici, facendosi abbagliare. In molti casi, quando l'individuo si apre per la prima volta a una visione spirituale più ampia, viene spinto nella direzione della luce di Lucifero. Questa luce sembra benefica, ma in realtà sbalordisce e abbaglia la persona, rubandole il suo potere interiore. Coloro i quali necessitano di California Poppy sono affascinati dalla spiritualità o sono attratti da esperienze psichiche al di fuori di sé, invece di impegnarsi in un processo equilibrato di crescita spirituale e morale.

Essi possono essere attratti da un vasto spettro di fenomeni abbaglianti, compreso l'uso delle droghe (soprattutto droghe psichedeliche), i rituali occulti, i culti religiosi, o da maestri carismatici.

Le persone California Poppy possono anche venir ipnotizzate dal glamour sociale e dalla notorietà, si identificano facilmente con la vita delle star dei mass-media e si puntano su capricci o su cause effimere. Tali individui si aspettano, "con tanto d'occhi", di poter trovare da qualche parte fuori da sé il tesoro spirituale che cercano.

Dato che essi non rafforzano e non sviluppano una solida vita interiore, spesso sono suscettibili alle tecniche e alle influenze che aprono le facoltà psichiche troppo rapidamente, soprattutto prima che queste energie siano bilanciate con le energie del cuore e del pensiero.

California Poppy stabilizza la luce dorata del cuore, favorendo una maggiore responsabilità di sé e una tranquilla crescita interiore.

In questo modo l'individuo trova il vero tesoro di cui è alla ricerca, la dorata forza solare del cuore umano ridestato.

Filaree

Per le persone che non hanno la capacità di avere la visione più ampia degli eventi quotidiani. Si fanno coinvolgere totalmente da piccole cose, di scarsa importanza in cui si perdono e che diventano preoccupazioni eccessive e sproporzionate, spesso ossessive. Queste gli fanno sprecare una enorme quantità di tempo e di energia psichica. Preoccupazione smisurata per i problemi quotidiani. Personalità fastidiose, ossessive che generalmente sono molto censori ed in disaccordo costante col modo di fare o di non fare, di vestire di altre persone. Eccessivamente preoccupati per i problemi piccoli della vita giornaliera e per malesseri fisici che limitano l'attiva partecipazione nella vita. Normalmente esprimono i loro dolori o pene, tanto quanto i rimproveri. Il loro modo di comunicare monotono li fa essere noiosi e ossessivi nei racconti. Possono essere ipocondriaci, perché fanno attenzione a tutto.
L'essenza aiuta ad ampliare la visione nelle contrarietà quotidiane. Quando sono bene indirizzate, queste persone hanno grandissime forza e riserva interiori, che possono essere di grande valore.
Possono soffrire di tic, tremori e rituali di qualunque tipo. Molto pignoli.
In equilibrio, sono persone molto forti e preziose.
Attaccamento agli aspetti formali del menage domestico, lasciare che le attività come la pulizia della casa diventino troppo importanti, non

permettendo all'individuo di partecipare alla vita sociale.

Filaree aiuta questi individui a operare un cambiamento di prospettiva fondamentale, instillando una visione più cosmica, aiutandoli, quindi, a vedere le questioni della vita quotidiana nella giusta prospettiva. Filaree, in particolare, libera l'energia psichica troppo contratta, diffondendo la maggiormente e rendendola più ricettiva all'influenza dello spirito.

Fuchsia

Per le persone che rimuovono emozioni come rabbia, dolori, sessualità, schok emotivi per paura della loro intensità o per condizionamenti educativi e culturali e li somatizzano.
C'è un'incapacità di esprimere i sentimenti. Questi sentimenti repressi riemergono sotto forma di iper-emotività. Sono persone che piangono facilmente, hanno un'emotività accentuata che nasconde i traumi affettivi profondi e accusano diversi sintomi psicosomatici come emicrania e mal di stomaco. Questa falsa emotività o sofferenza agisce come una copertura alle emozioni più profonde che appaiono troppo forti e pensanti da integrare con la psiche. Sono persone che possono sublimare patologicamente aspetti della personalità (asceticismo esterno). Il rimedio permette di lasciare emergere e affrontare consapevolmente anche le emozioni più dolorose e violente, in modo che la persona possa esprimersi in modo più autentico e liberarsi dal tormento.
Produce una catarsi, la liberazione e la conoscenza di emozioni soffocate, ma profondamente radicate che devono essere espresse. È il fiore che ci collega con la nostra "ombra" emozionale.
Per la sessualità che viene sublimata con altre emozioni psicosomatiche. L'individuo Fuchsia impara a riconoscere il dolore e altri sentimenti profondi con maggior immediatezza, dando così la possibilità alla vita dell'animo di diventare emotivamente autentica e vitale.

Lavander

Nervosismo e iperstimolazione provocano stanchezza e senso di svuotamento. Sono persone che non riescono a staccare la spina, hanno energia fisica che non riescono a scaricare.
Il fiore Lavander aiuta quelle persone che assorbono in maniera eccessiva gli influssi spirituali. Esse tendono a essere molto consapevoli e mentalmente attive, con una forte attrazione per le pratiche spirituali e le varie forme di meditazione. Tuttavia spesso assorbono molta più energia di quanta il loro corpo può realmente assorbire. "Teso come una corda" è una tipica frase per descrivere questo tipo di per sona.
Esse presentano soprattutto problemi alla testa, come emicranie, o problemi alla vista e una tensione nel collo e nelle spalle.
Sono molto spesso afflitte dall'insonnia o da altre malattie nervose. Lavander innanzitutto opera per sedare e calmare queste persone; a un livello più profondo, insegna come moderare e regolare l'energia psico-spirituale.
In questo modo, l'individuo Lavander impara a usare le proprie capacità altamente sensibili in equilibrio con i bisogni del corpo.

Queen Anne's Lace

Mancanza di vista interiore, cioè di percezione psichica di sé e del mondo. Mancanza di intuito e sensibilità interiore, incapacità di andare al di là delle apparenze. Insegna ad andare al di là delle apparenze e a guardare le cose con occhio più obiettivo. Questo fiore aiuta a rimuovere i detriti dalla prospettiva emotiva che distorcono una "chiara visione". Riarmonizza i chakra superiori e inferiori in modo da rimanere in contatto con la Terra, mantenendo una visione e un intuito chiaro e obiettivo. Sono personalità che evitano di vedere quello che non vogliono, quello che risulta loro doloroso e scomodo, o quello che potrebbe compromettere la storia della loro vita.

Generalmente hanno un pensiero lineare, rigido e strutturato, con poca apertura a conoscenze nuove. Leggono le circostanze e le interpretano, ma non in un modo molto fortunato. Sono poco obiettivi, cattivi giudici, senza molto criterio della realtà e con assenza di buonsenso. Guardano senza vedere e senza registrare quello che guardano.

Queen Anne's Lace è un rimedio importante per questa transizione della coscienza. Aiuta a rimuovere i detriti dalla prospettiva emotiva che distorcono una "chiara visione".

Tali squilibri nel chakra del "terzo occhio", cioè il centro delle facoltà chiaroveggenti, spesso nascono da problemi ai chakra inferiori, quando le energie emotive e istintuali come la sessualità non sono ben integrati dall'individuo.

Queen Anne's Lace dà armonia sia alle energie "superiori" che "inferiori", così da restare in contatto con la Terra, mantenendo tuttavia una visuale e un intuito chiari e obiettivi. Queen Anne's Lace è utile per molte persone che ricercano un'apertura psichica equilibrata, o che hanno problemi di vista connessi a un'emergente chiaroveggenza.

Il fiore Queen Anne's Lace aiuta a stare coi piedi per terra, a purificarsi e a raffinare e sensibilizzare la "la chiara visione" dell'individuo.

Fiori Australiani associati al sesto chakra

I Fiori Australiani Bush (Australian Bush Flower Essences) sono a oggi 69 più 19 Essenze create dalla combinazione di Fiori Australiani e sono stati introdotti da Ian White, biologo e psicologo australiano. Non sono ancora molto conosciuti e utilizzati in Italia dal grande pubblico, ma sono molto apprezzati dai Floriterapeuti e troviamo Fiori Australiani inseriti in molti complessi fitopreparati e omeopatici. Sono tra i fiori più potenti e di largo impiego dopo i Fiori di Bach, hanno un'energia molto elevata, una delle più alte tra i rimedi floreali. Gli Aborigeni australiani hanno sempre utilizzato i Fiori per trattare i disagi o gli squilibri emozionali, così come avveniva nell'antico Egitto, in India, Asia e Sud America.

La dose, sia per gli adulti sia per i bambini, consiste in sette gocce da assumere due volte al giorno (mattina e sera) sotto la lingua, o in un poco di acqua. Le essenze dovrebbero essere assunte per circa venti giorni o un mese, eccezion fatta per essenze particolarmente potenti.

Essendo una cura del tutto naturale e priva di tossicità, non presentano alcuna controindicazione, non provocano effetti collaterali, possono essere combinati senza problemi sia ai farmaci tradizionali sia a quelli omeopatici (di cui sono considerati complementari) o ad altri rimedi floriterapici. Si può preparare un solo rimedio (la cui azione sarà allora particolarmente "mirata", profonda e veloce), oppure miscelare tra loro rimedi diversi; in questo caso é consigliabile non superare le 4 o 5 essenze e, se possibile, cercare di scegliere fiori dalle proprietà tra loro affini e sinergiche per trattare un problema specifico.

I fiori australiani sono molto efficaci anche in applicazione cutanea e possono essere aggiunti a creme, gel, oli per il massaggio, pomate medicate oppure diluiti nell'acqua del bagno. Per un trattamento topico la quantità consigliata è di circa 7 gocce di ciascun rimedio scelto, da amalgamare in mezza tazzina di crema; nella vasca da bagno vanno invece versate 15–20 gocce di ogni essenza.

La durata del trattamento dipende sempre dalla risposta individuale. Spesso si ottiene una reazione positiva in circa due settimane e mediamente due mesi sono sufficienti per riequilibrare numerose problematiche psicofisiche. Alcuni fiori particolarmente "potenti" (come, per esempio, Waratah) esercitano di solito un'azione molto rapida, anche in pochi giorni. Molte volte, dopo aver risolto un disagio o un conflitto interiore, possono emergere altri squilibri emozionali, che andranno via via trattati con i fiori corrispondenti.

Bush Fuchsia

Rimedio importante in problemi di apprendimento. Permette l'integrazione di entrambi gli emisferi cerebrali, risolvendo la maggioranza di problemi di apprendimento che provengono dagli squilibri tra i due emisferi (dislessia, balbuzie, difficoltà ad articolare il linguaggio orale, afasia). Aiuta nell'avere sicurezza nel parlare in pubblico.
Incapacità di bilanciare il lato logico e razionale con quello intuitivo e creativo.
Incapacità di percepire o seguire l'istinto.
Utile nei casi di incapacità di studiare per lunghi periodi senza perdere la concentrazione.
Bilanciando i due emisferi celebrali, aiuta a entrare in contatto con le proprie intuizioni. Aiuta a trovare la capacità di distinguere e di interpretare le informazioni e le percezioni. Aiuta a sviluppare l'intuito e ad avere fiducia nel proprio istinto.
Per chi sta molto tempo davanti a video terminali o altri dispositivi elettronici e si sente un po' offuscato a fine giornata. Questo fiore accresce la chiarezza di linguaggio e comunicativa e dona la sicurezza necessaria per parlare in pubblico.
Incrementa le capacità di concentrazione e quindi di comprensione di un testo o di materiale di studio. Incrementa il desiderio di leggere nei bambini e aumenta anche la propria fiducia e sicurezza in classe e di fronte agli esami.
Come stimola lo sviluppo delle funzioni logiche e razionali (emisfero cerebrale sinistro), lo farà anche con gli aspetti creativi e intuitivi, corrispondenti all'emisfero cerebrale destro.

Permette di equilibrare le funzione di entrambi gli emisferi quando c'è un eccessivo predominio di uno sull'altro. Un altro aspetto di questa essenza è la sua capacità per facilitare la coordinazione dei movimenti. Un'altra proprietà, il relazione con l'espressione verbale, è che aiuta nella conversazione migliorando il tono, l'inflessione e la melodia della voce. Migliora anche la capacità uditiva, in particolar modo nei casi di infezioni croniche. Utile nel riequilibrio dell'ipotalamo, successivamente a usi prolungati di pillole contraccettive o trattamento sostitutivo ormonale.

Eccellente per sintonizzarsi con la propria intuizione, per il coordinamento mano-occhio e per la capacità di esprimere le idee, consente alle persone di credere nella propria intuizione e nel proprio modo di agire, piuttosto che fare quello che dicono gli altri. Nel caso della dislessia, occorre assumere Bush Fuchsia per 15 giorni consecutivi e ripetere il trattamento dopo un'interruzione di un paio di settimane. È l'essenza d'elezione dell'ipofisi. Ottima per infezioni auricolari, vertigini, labirintiti e nausea.

Yellow Cowslip Orchid

Sono persone che indirizzano le proprie energie soprattutto all'intelletto, tanto che spesso bloccano i propri sentimenti. Questo sbilanciamento porta a criticare e a giudicare ed essere estremamente burocratiche e scettiche ed esageratamente prudenti nell'accettare le cose. E' il fiore legato all'ipofisi. Equilibra l'ipofisi soprattutto per le donne che hanno assunto la pillola per molti anni.
Dona interesse per i problemi del prossimo.
Sviluppa l'imparzialità, la capacità di riconoscere i dettagli e l'obiettività nelle analisi generali, apertura mentale, abilità a comprendere velocemente i concetti. Queste personalità sono eccessivamente razionali e analitiche.
Per loro la cosa più importante è l'intelletto; il resto è secondario e quindi non giustifica nessuna preoccupazione. Sono ossessivi, scrupolosi e si bloccano su piccolezze. Sono affezionati alle regole e all'ordine, osservano le altre persone, con fare critico. Sono scettici, irritabili, diffidenti e cauti; non amano il confronto, ma preferiscono prendere le distanze.
Sono naturalmente socievoli, carismatici, e sanno captare velocemente le necessità degli altri.
Devono imparare ad accettare le idee e le persone, senza critica. Il loro mondo emozionale è colorato con l' irritabilità, la meschinità, l'ironia, la parzialità, il cattivo umore, l'irascibilità, la freddezza, l'acidità, distacco e cautela nei dialoghi.

Fiori di Bach associati al sesto chakra

I fiori di Bach - o rimedi floreali di Bach - sono una medicina alternativa ideata dal medico britannico Edward Bach, nato il 24 settembre 1886 a Moseley da una famiglia Gallese in Inghilterra. Si laureò in medicina nel 1912 e da subito lavorò al pronto soccorso dell'ospedale universitario dove iniziò a farsi notare per la gran quantità di tempo che dedicava ai pazienti. Fu subito critico nei confronti degli altri medici, in quanto studiavano la malattia come se fosse separata dall'individuo, senza concentrarsi sui malati stessi. E' risaputo che i nostri stati emotivi hanno una profonda influenza sul nostro benessere e sulla nostra salute. Uno stato emotivo alterato che si ripete ogni giorno crea delle vere e proprie disfunzioni del nostro organismo.

Il 90% delle cause delle malattie dell'uomo proviene da piani che si trovano al di là di quello fisico, ed è su questi piani che i sintomi cominciano a manifestarsi, prima che il corpo fisico mostri qualche disturbo. Se riusciamo a individuare gli stati d'animo negativi che affiorano quando ci ammaliamo, possiamo combattere meglio la malattia e guarire più in fretta. Usando i rimedi floreali si tenta di influire sulle strutture più profonde, dalle quali la malattia ha origine. I Fiori di Bach riequilibrano le emozioni. Si rivolgono solo ed esclusivamente a come reagiamo emotivamente alle vicissitudini, alle esperienze e ai problemi nelle nostre giornate. Donano una grande serenità e pace, coraggio o forza, aiutano a sentirci nel pieno delle nostre possibilità.

Possono essere utili a fronte di una malattia, non dal punto di visto fisico ma proprio come sostegno dell'umore. La persona è vista come un individuo completo dove le emozioni sono un punto cardine, e non solo come corpo fisico con dei sintomi. Bisogna quindi analizzare lo stato emozionale e non i sintomi fisici, in base a questo si trovano i rimedi adatti. Infatti soggetti con identici problemi fisici, reagiscano e vivono con emozioni e sentimenti differenti. I fiori di Bach non hanno controindicazioni e non interagiscono con i farmaci.

Bach ha così suddiviso i 38 fiori dai quali si traggono i rimedi. I primissimi fiori scoperti da Bach furono i cosiddetti "12 Guaritori", che il medico gallese iniziò prontamente a sperimentare prima su se stesso e poi sui suoi pazienti; gli altri 26 vennero scoperti poco tempo dopo, divisi in "7 Aiuti" e "19 Assistenti". Il Dr Bach abbandonò in seguito la distinzione tra "Guaritori", "Aiutanti" e "Assistenti" ritenendola superflua, ma molte persone nel mondo continuano a utilizzarla ugualmente. I Fiori di Bach non aiutano a reprimere gli atteggiamenti negativi, ma li trasformano nel loro lato positivo. I Fiori di Bach associati al secondo chakra lo sono solo a titolo generale, perché i fiori vanno comunque scelti basandosi sull'emozione non in armonia che va equilibrata.

Beech

Appartiene alla categoria degli "Assistenti".
Chi ha bisogno di questo fiore è una persona intollerante e ipercritica, non riesce a trovare nulla di buono nella sua vita, inoltre nota difetti in tutto e in tutti; la sua capacità di osservazione è al di sopra della norma trovando negatività in ogni cosa che lo circonda, non gli sfugge nulla.
Questo atteggiamento, lo manifesta più apertamente nella sfera familiare, con gli amici e con i colleghi. La persona con questa indole dirà spesso la sua, ma in modo garbato, troverà sempre un difetto da mettere a posto; dotata di grande spirito di osservazione che potrebbe utilizzare nel mondo del lavoro, sarà considerata affidabile per la sua sincerità.
Il rimedio floreale calma il desiderio di criticare e aumenta il livello di tolleranza. L'aspetto positivo di Beech è ben rappresentato nel critico letterario o cinematografico ma anche nell'analista o il terapeuta. In questo caso la persona Beech mette al servizio altrui le sue forti caratteristiche analitiche e critiche. In negativo si rischia solo di non accettare nulla delle differenze altrui.
Con Beech si accettano i punti di vista e i gusti altrui con facilità e comprensione.
Questo Fiore è indispensabile anche per le persone che manifestano allergie e intolleranze alimentari, perché le aiuta a esprimere il loro pensiero e quindi a non tollerare tutto e tutti.
E' consigliabile, inoltre, per tutte quelle situazioni poco sopportabili come il caldo eccessivo.

Stati d'animo e sintomi collegati a Beech in ordine di importanza:
- Intolleranza
- Si vedono facilmente i difetti altrui
- Fastidio per qualsiasi cosa
- Pregiudizi
- Non si sopporta il no
- Inflessibili con gli altri
- Intolleranza
- Autoritarismo con intolleranza
- Rabbia esagerata rispetto alla causa
- Intolleranza con arroganza
- Attenzione eccessiva ai dettagli

Per preparare il rimedio floreale si prendono dei ramoscelli di circa 15 cm con i loro fiori e si riempie per ¾ una pentola, quindi si fanno bollire per mezz'ora.

Chicory

Appartiene alla categoria dei "Guaritori".
Chi ha bisogno di questo fiore è una persona che dedica le sue forze mentali e fisiche verso i bisogni delle persone che ama esercitando un certo controllo. Di solito la persona con questa indole si riconosce facilmente perché ha sempre qualcosa da aggiustare alla persona cara: tipo il colletto della camicia, i capelli, il trucco, inoltre dà consigli sull'abbigliamento, sul partner, sulle amicizie, e chiede che sia ricambiata, come se fosse un lavoro, una catena di montaggio io do a te, tu dai a me.
Si vuole bene agli altri, ma si vuole essere contraccambiati.
Classico personaggio del manipolatore interessato che probabilmente non accetterà facilmente questa definizione. Ma se spesso viene da pensare: dopo tutto quello che ho fatto, guarda come mi tratta. Allora è il caso di prendere in considerazione Chicory. La persona con questa indole penserà sempre come migliorare la vita delle persone amate, perché vuole che siano felici, ma il rimedio floreale li aiuterà a capire che ognuno ha un proprio destino da seguire e che non è necessario manipolare; inoltre imparerà a donare amore, senza pretendere nulla in cambio. Con Chicory si comprendono le vere qualità dell'amore.
Si dà protezione e sicurezza agli altri in completa autonomia.

Stati d'animo e sintomi collegati a Chicory in ordine di importanza:

- Orgoglio per la propria casa
- Gelosia e possessività con chi si ama
- Possessività con bisogno di manipolare gli altri
- Gelosia con possessività
- Pianto facile
- Amore esagerato per la casa
- Ipocondria per ottenere attenzione
- Intromissione negli affari altrui con critica
- Senso di abbandono nei genitori quando i figli diventano Depressione per non essere amati
- Bisogno di riconoscimenti
- Avidità come bramosia
- Desiderio di comando con autoritarismo
- Abbandono, per i genitori che recriminano quando i figli vanno per la loro strada
- Bisogno di ordine nelle casalinghe modello
- Amore come possessività nei confronti altrui

Viene preparata con il metodo del sole, e siccome il fiore appassisce presto bisogna avere una bacinella con dell'acqua pronta.

Rock Water

Appartiene alla categoria degli "Aiuti".
Chi ha bisogno di questo fiore è una persona molto rigorosa nel suo modo di vivere, si nega molti divertimenti e piaceri della vita, rispettando regole dure e rigide. Pensa soprattutto alla salute, vuole essere forte, attiva, e fa di tutto per rimanere così, vuole essere un buon esempio per gli altri.
E' il fanatico di se stesso, non si concede piaceri e si attiene con forza, determinazione e soprattutto rigidità ai propri ideali.
Al contrario del fanatico che vuole convincere gli altri (Vervain), Rock Water pretende di essere perfetto e d'esempio per gli altri. A volte questa rigidità mentale ha dei suo corrispettivi fisici. Gli ideali di riferimento possono essere diversi e spaziare dallo sport, all'alimentazione, al lavoro.
Il rimedio Rock Water non impedisce alle persone di avere alti ideali e di cercare di raggiungerli, ma aiuta a limitare gli eccessi, avere maggior elasticità e non essere così intransigenti con se stessi. Rock Water è l'unico rimedio di Bach che non è un fiore, ma acqua pura di sorgente.
Con Rock Water la vita diventa adattamento, le proprie concezioni e ideali sono vissuti con libertà e gentilezza

Stati d'animo e sintomi collegati a Rock Water in ordine di importanza:

- Orgoglio che fa essere maestri di se stessi
- Bisogno di perfezione
- Inflessibili con sé stessi
- Severità verso sé stessi
- Si cerca la perfezione
- Idealismo dogmatico
- Autocompiacimento

Vervain

Appartiene alla categoria dei "Guaritori".
Chi ha bisogno di questo fiore è una persona che unisce le sue forze psichiche e fisiche per convincere gli altri delle proprie idee, dei propri ideali, trasformandosi in veri missionari, inflessibili e intolleranti. Si è facilmente entusiasti e si vuole assolutamente convincere anche gli altri delle proprie opinioni. Le ingiustizie fanno infuriare, prendendo posizione. Il fanatico, l'entusiasta trascinatore, il paladino della giustizia. Vervain ha un bisogno costante di sentirsi vivo combattendo battaglie e coinvolgendo gli altri in queste sue missioni. Lo stato eccessivo di Vervain rende a volte fanatici, iperattivi e tesi.
Il rimedio viene dato per aiutare queste persone a fermarsi di tanto in tanto, in modo che corpo e mente possano rigenerarsi. Vervain porta alla quiete nel trarre piacere dalla vita e dal tempo che passa anziché sentire sempre l'esigenza di essere attivi.
Con Vervain si vive la vita con entusiasmo, nel rispetto degli altri. Si è degli ispiratori appassionati e aperti ai cambiamenti.

Stati d'animo e sintomi collegati a Vervain in ordine di importanza:
- Bisogno di convincere gli altri
- Si vuole convincere gli altri
- Idealismo e fanatismo

- Bisogno di essere sempre impegnati in una qualche battaglia
- Tensione
- Autostima eccessiva per cui si pensa di avere sempre ragione
- Aggressività dovuta all'impulsività
- Bulimia con voracità
- Iperattività

Vine

Appartiene alla categoria degli "Aiuti".
Chi ha bisogno di questo fiore è una persona che vuole comandare tutti: è un capo, un leader, un tiranno. Nella vita non sopporta essere comandato ma, anzi, ama comandare; è sempre a capo di qualcosa, di un'azienda, di una squadra, di un gruppo, della famiglia, prende decisioni per tutti perché è nella certezza di fare il loro bene.
Leader e dittatore, quale enorme differenza. Queste due figure sono la rappresentazione positiva e negativa di Vine. Nella fase bloccata Vine vuole convincere gli altri dominandoli, decidendo per loro. Spesso le persone Vine hanno ruoli importanti nel lavoro e nei loro interessi e nello stato trasformato possono essere degli ottimi leader incitando e guidando gli altri senza obbligarli e soprattutto con il rispetto altrui.
Sono molto diversi dalle persone di tipo Vervain che invece cercano di convertire gli altri al proprio modo di pensare, invece i tipi Vine impongono ordini e disciplina senza ammettere repliche.
Il rimedio sviluppa questo lato positivo della personalità Vine.
Con Vine la propria autorità è vissuta con fiducia in se stessi e negli altri. Si sa anche delegare agli altri, valutando così anche il potenziale altrui.

Stati d'animo e sintomi collegati a Vine in ordine di importanza:
- Inflessibili con gli altri

- Aggressività per imporre la propria opinione
- Desiderio di comando
- Tendenza a dominare
- Autoritarismo per cui si comanda
- Intransigenza
- Incertezza che rende arroganti

Crab Apple

Appartiene alla categoria degli "Assistenti".
Chi ha bisogno di questo fiore è una persona che crede di non essere del tutto pulita, come se volesse cacciare via dal suo corpo qualche veleno, un male che si è ormai generato, oppure che pensa di avere.Si ha la sensazione di essere sporchi, inquinati, sia fisicamente sia psicologicamente.
Adatto anche per tutti coloro che non si accettano.
E' decisamente il fiore che ha maggior impatto con la forma esterna, perciò con la pelle e con il nostro rapporto con il corpo e l'apparenza. Con Crab Apple è più facile accettarsi per quello che si è, valutando maggiormente i nostri aspetti positivi senza rimanere ancorati al solo aspetto fisico. Utile anche quando si è ossessionati dalla pulizia. Visto il suo rapporto con la pelle entra a far parte della Rescue Cream. La persona con questa indole si accetterà più volentieri; il rimedio floreale aiuta ad attenuare le fobie riguardanti lo sporco e il contatto con le cose che non appartengono al proprio ambiente domestico come per esempio andare nei bagni pubblici, svanirà la paura che si possa mettere in pericolo la propria salute e riuscirà a stare a contatto anche con persone apparentemente poco pulite.
Può essere applicato sotto forma di crema sui brufoli, vesciche, eczemi, insomma qualsiasi eruzione cutanea.

Stati d'animo e sintomi collegati a Crab Apple in ordine di importanza:

- Cura eccessiva della pulizia sia personale che della casa
- Non si ha fiducia in se stessi per l'aspetto fisico
- Ossessione dello sporco
- Si pensa di non piacere a causa di piccole imperfezioni fisiche
- Bisogno di lavarsi in continuazione
- Ipersensibili alla possibilità di contagio
- Paura del contagio e di essere contaminati
- Brufoli ed acne per cui non ci sente a proprio agio
- Paura del cibo guasto
- Vergogna
- Depurazione e pulizia

In floriterapia il fiore viene colto in ciuffi insieme al loro piccolo ramo usando delle forbici ben taglienti (cesoie). Si usa il metodo della bollitura.

Numero del sesto chakra

Il 2 è il numero del sesto chakra.
Il 2 è il numero della prima polarizzazione.
Qui i due termini iniziali, virtuali, sono rappresentati coesistenti, sole e luna, e nell'atto di riunirsi: il lingam che letteralmente penetra il vertice del triangolo, la yoni, come per generare.
Ciò che è generato dal 2 è in primo luogo il 3, principio a sua volta ancora immanifesto, ma base e creatore di tutte le cose. Conferma a questo proposito il Tao-te-ching: «Uno ha prodotto 2, 2 ha prodotto 3, 3 ha prodotto tutti i numeri», pertanto il 2 è il simbolo di tutte le dualità per cui esistiamo, così cielo e terra sono la polarizzazione dell'unità primordiale, il processo della manifestazione cosmica che implica la separazione in due metà dell'uovo del mondo.
«Io sono una che diviene due» ribadisce un'antica iscrizione egiziana, e nessuna cosa in effetti è concepibile senza che immediatamente si concepisca anche il suo contrario: due è maschile e femminile, luce e buio, manifesto e non manifesto, mortale e immortale, io e sé, bianco e nero, buono e cattivo. Yin e yang sono il perfetto simbolismo, anche grafico, di questa dualità implicita nell'esistenza. E' impossibile eliminare la dualità del pensiero perché, proprio a causa di questa dualità, esso esiste. Il 2 esprime, perciò, l'archetipo di tutte le complementarità esistenti. E' il simbolo, quindi, di tutte le dualità, ovvero di tutto ciò che è presente o può essere presente nel cosmo-microcosmo.

In questo senso qui risiede, dunque, il potere che sovrintende e dirige la possibilità di ogni manifestazione o non manifestazione del corpo e della mente, della materia e dello spirito. E' il centro che dà il via, l'assoluta potenzialità, come dice il suo nome stesso, ajna, «centro del comando». Inoltre ajna, contenendo il germe di tutte le dualità, è anche implicitamente la possibilità di conoscerle a priori, avendole in sé come acquisizione diretta, prima ancora che si manifestino; cioè, per esteso, la possibilità di preveggenza, come d'altronde sembra confermare un altro nome che gli viene attribuito: «terzo occhio». Il triangolo a punta in giù qui è senz'altro simbolo del femminile o volontà diretta verso la manifestazione, penetrato dal lingam maschile, o volontà diretta verso il non manifesto. Le due immagini costituiscono, a loro volta, uno dei simboli più presenti nell'immaginario umano della dualità che, fecondandosi, origina il tre e quindi «i mille esseri».

- Nella valenza positiva, Due può essere considerato femminile, intuitivo e corrisponde all'istinto di protezione.
- Nella valenza negativa, Due può essere avido, soffocante e frustrante. L'aspetto frustrante è derivato dalla delusione e dall'insoddisfazione dello spirito umano a cui venga sempre negata la prima posizione.

Il numero Due contraddistinto dall'archetipo il Fanciullo è associato alla tenerezza della madre, potrebbe scambiare l'amore di coppia con la necessità di qualcuno vicino a cui appoggiarsi e di cui fidarsi perché ama poter fare tutto insieme nello stare sempre insieme con il desiderio di vivere nella pace totale. Sarà per sempre un tenero bambino interiore con la necessità di nutrimento attraverso il piacere dell'essere in coppia proprio con famiglia, radicati nella stabilità dell'unione.

La tenerezza dell'archetipo correlato al numero Due imprime nostalgia per un paradiso perduto quando viene messo a confronto con il dolore del mondo, quando gli manca una persona cara nell'affrontare la realtà della vita rischia di perdere il contatto con la divinità; a questo punto si rende conto che purtroppo esiste anche il male, spesso rimane ferito sullo strato emozionale e ha così necessità di qualcuno che lo protegga tenendolo proprio stretto, deve sentirsi contenuto tra le braccia di chi gli vuole bene, per sentirsi confortato e possibilmente al centro dell'attenzione, teme parecchio la sofferenza con la paura che tutto gli caschi addosso.

Esercizi fisici

Esercizio 1

Fate qualche esercizio di rilassamento scuotendo le braccia e le gambe.
Sedete sul pavimento con la schiena eretta e quindi effettuate per alcuni minuti la respirazione alternata.

Esercizio 2

Assumete la posizione del quadrupede ed eseguite per 7 volte l'esercizio "groppa del cavallo / schiena arcuata del gatto".

Esercizio 3

Partendo da seduti sui talloni, fate scendere lentamente il busto in avanti finché la fronte tocca il pavimento.
Le braccia sono distese accanto al corpo con i palmi verso l'alto.
Respirate profondamente un po' di volte concentrandovi sulla vostra fronte, poi risollevate lentamente il busto vertebra dopo vertebra fino a tornare con la schiena eretta.
Ponete le mani sulla parte posteriore del collo per sorreggere delicatamente la testa, aprite gli occhi e guardate in alto per qualche secondo.
Ripetete l'esercizio per altre 3 volte.

Esercizio 4

Da seduti assumete la seguente posizione: le dita medie, distese, sono rivolte in avanti e si toccano così come le punte dei pollici, che però sono rivolte verso il petto.
Le altre dita saranno piegate e faranno combaciare successivamente le seconde falangi.
Inspirate e pronunciate ripetutamente espirando il mantra "ksham", ripetendo l'esercizio 7 volte.

Esercizio 5

Sdraiatevi in posizione supina, chiudete gli occhi e rilassatevi.
Posate il palmo della mano sinistra al centro della fronte e la destra sopra di essa (la posizione della mano dovrebbe seguire naturalmente la linea degli avambracci).
Tenete le mani appoggiate delicatamente alla fronte per qualche minuto, quindi immaginate che un'energia blu penetri dal vostro chakra e inondi il vostro corpo mentre espirate.
Continuate così per 5 minuti almeno, poi posate le mani lungo i fianchi palme a terra e rimanete così, rilassandovi ancora un po'.

Pietre consigliate per il 6° Chakra

In cristalloterapia si considerano pietre del 6° Chakra quelle di colore indaco o viola, di qualsiasi tipo di lucentezza o trasparenza.

- La zona di posizionamento delle pietre è la regione della fronte

I cristalli che possono riequilibrare il sesto chakra sono: ametista, fluorite, zaffiro, opale boulder, pietra di luna, sugillite, tanzanite, lepidolite, occhio di gatto.

- La pietra di frequenza base più rappresentativa è l'Ametista.
- La pietra di frequenza avanzata più rappresentativa è la Sugellite (o Luvolite).

Sentitene l'energia che passa attraverso il chakra sacrale mentre la tenete in mano o la portate tramite anello o collana. Non bisogna acquistarle tutte, basta scegliete le pietre che si preferiscono o delle quali si è già in possesso.

Il raggio d'azione dei minerali di colore indaco/viola:

- agiscono sugli organi sensoriali
- leniscono i dolori di testa
- aiutano in caso di isterismo, malinconia ed epilessia
- facilitano l'accesso alla spiritualità
- rilassano le persone stressate
- calmano.

Ametista

Il termine della ametista deriva dalla parola greca amethystos, che significa "non intossicato" ed è presente in diversi modi e utilizzi in quasi tutte le pratiche religiose del mondo.

L'ametista è molto utilizzata per aprire i centri energetici spirituali e psichici e questo la rende una delle pietre di potere più importanti.

L'ametista simboleggia la compassione, l'umiltà, la sincerità e la saggezza spirituale. Conosciuta come "Pietra dello Spirito" o "Pietra di Integrità", l'ametista è anche la pietra del Buddha e in Tibet è frequentemente utilizzata per la realizzazione di rosari chiamati Mala che vengono poi utilizzati nella pratica della meditazione.

L'ametista dona buon senso e flessibilità nelle decisioni. Rafforza e migliora le abilità psichiche, intuitive e di chiaroveggenza essendo energeticamente direttamente collegata con l'energia della nostra mente. Ottima pietra disintossicante, l'ametista aiuta nelle dipendenze e calma il sistema nervoso favorendo la trasmissione dei segnali al suo interno. L'ametista è un trasmutatore di energia, aiuta ad aprire porte in esperienze spirituali intense e di trasformazione. Ottima pietra per il chakra del Terzo Occhio e per il chakra della Corona.

Una sua peculiarità è quella di purificare altre pietre; infatti, l'ametista è raccomandato usarlo in combinazione con altre pietre o cristalli.

L'ametista è utilizzata anche nell'antica medicina tradizionale cinese, che prescrive la pietra per alleviare dolori di stomaco o per avere un sonno tranquillo e non avere brutti sogni. L'Ametista risveglia la propria consapevolezza spirituale accrescendo la conoscenza di una realtà al di là della materia. Aiuta a percepire l'aspetto spirituale che si cela dietro gli avvenimenti. Così, l'Ametista, riesce a essere un buon rimedio per rielaborare un lutto e il conseguente dolore dovuto alla perdita della persona cara. Inoltre accresce il senso di giustizia, l'umiltà e l'onestà. Riduce l'istinto egoistico e rafforza la capacità d'amare.

- È un efficace calmante per la mente, che favorisce la concentrazione e placa i pensieri confusi. Ha la capacità di alleviare i sensi di colpa, rafforzando la sicurezza in se stessi e diminuendo i complessi d'inferiorità. La sua influenza sulla sfera emotiva si esplica aiutando a calmare l'emotività, favorendo una maggiore chiarezza.

Attenua la tristezza che potrebbe sopraggiungere nei momenti difficili. È un efficace rimedio contro l'insonnia e gli incubi così da favorire un riposo profondo. Il risultato è la diminuzione delle tensioni con la conseguente riduzione delle emicranie. Aiuta ad alleviare i gonfiori e le contusioni. Utile per risolvere alcune patologie della pelle, dei polmoni e del sistema nervoso.
La varietà scura mitiga l'ipertensione e le rigidità ed è un ottimo regolatore della flora batterica.
I possibili elisir con questa pietra hanno un blando effetto ma sono possibili tutti i metodi di

preparazione. Lavora in grande sinergia con i Fiori di Bach, in particolare con il rimedio Agrimony.

L'Ametista è un ottimo rimedio per riequilibrare l'energia degli ambienti, specie le camere da letto e le stanze dove accogliamo le persone che non appartengono alla nostra famiglia.

Sono usate anche negli studio medici come, ad esempio gli psicologi, dove molte persone vengono a sfogarsi parlando dei loro problemi e quindi l'ambiente risente di energie negative che devono essere scacciate.

I segni zodiacali associati a questa pietra sono il Sagittario, il Capricorno e i Pesci mentre il Chakra corrispondente è il 6° ovvero il Terzo Occhio.

Fluorite

La pietra Fluorite deve il nome alla parola latina "fluere" che significa fondere, dato il suo utilizzo come fondente nella metallurgia.
Anche la parola "fluorescente" deriva dalla parola Fluorite dato che i suoi cristalli sono stati i primi esemplari fluorescenti da studiare.
Gli antichi Egizi usavano la Fluorite per scolpire statue e scarabei e fin dai tempi romani, la Fluorite è stata usata per fare vasi e altri oggetti ornamentali. I cinesi hanno usato la Fluorite in sculture sacre per oltre 300 anni. Nel diciottesimo secolo, la Fluorite è stata polverizzata in acqua per alleviare i sintomi della malattia renale. In diverse parti del mondo la Fluorite si pensava essere la "casa dell'arcobaleno" a causa dei colori mescolati presenti in essa. La Fluorite può aiutare ad aumentare la concentrazione e l'intuizione. Essa può implementare a mantenersi imparziali quando le decisioni non ci devono coinvolgere emotivamente. La pietra Fluorite è altamente protettiva e funziona da stabilizzatore energetico.
Assorbe energie negative dall'ambiente ed è efficace per la nostra Aura e la pulizia dei Chakra.
Aiuta a cogliere concetti più elevati, è una pietra formidabile per studenti universitari e ricercatori che hanno bisogno di analizzare i dati e giungere a conclusioni.
Ottima pietra per rafforzare le ossa, i denti e migliorare il dolore associato all'artrite.
La Fluorite aiuta a ravvivare l'appetito sessuale.

Le proprietà della Fluorite consentono di proteggere gli operatori del benessere o chiunque è a stretto contatto con molte persone da manipolazione psichica, volontaria o non.

In particolare, consente innovazione e inventiva, essendo una pietra molto efficace da utilizzare per la creatività mentale e per creare ricchezza e prosperità.

La Fluorite lavora ottimamente con tutte le pietre, in particolare con agata e corniola.

Zaffiro

Lo zaffiro, in tutte le sue sfumature celesti, è una pietra di saggezza, regalità, profezia e favore divino. Usato spesso come talismano, il cristallo è stato sempre scelto per preservare la purezza, per scoprire frodi e tradimenti, per proteggere chi lo indossa. Ed è tuttora una pietra nobile di apprendimento, acutezza mentale, attivazione psichica e ricerca spirituale.

- Il suo colore blu porta ordine e guarigione per la mente, donando forza e attenzione, oltre che la capacità di vedere oltre le apparenze superficiali, utilizzando una conoscenza più approfondita. Stimola il chakra della gola e quello del terzo occhio, permettendo di accedere a livelli più profondi di coscienza al fine di ottenere una maggiore comprensione di sé. Associato al pianeta Saturno, in cristalloterapia migliora l'autodisciplina e aiuta a materializzare gli obiettivi che ci si è prefissati.

Il blu è considerato il principale colore dello zaffiro, anche se in realtà si può trovare in molte altre tonalità. Il nome "zaffiro" deriva dal latino "sapphirus", dal greco "sappheiros" e dal sanscrito "sanipryam", che significa appunto pietra blu. Si pensa che gli attuali lapislazzuli in passato venissero proprio indicati come zaffiri.
Tuttavia tutti gli zaffiri sono pietre di saggezza, i singoli colori ne aggiungono diverse sfumature.

- **Zaffiro nero**: porta ad avere fiducia nel proprio intuito e nella propria saggezza. Protegge, allevia ansia e dolore ed è un talismano utile quando si sta cercando lavoro.
- **Zaffiro verde**: porta saggezza, fedeltà e integrità. Incoraggia la compassione per gli altri, migliora il ricordo dei sogni.
- **Zaffiro arancione** o Padparadscha: stimola la voglia di parlare al mondo direttamente dal proprio cuore. Unisce creatività e spiritualità: non a caso è un talismano utile agli artisti, agli scrittori e ai cantanti.
- **Zaffiro rosa**: alimenta la saggezza della resilienza. Stimola le emozioni e favorisce l'amore, il perdono e il dimenticare il passato. Aumenta l'accettazione e la forza dei sentimenti.
- **Zaffiro violetto**: rafforza la saggezza del risveglio spirituale. Stimola la meditazione, vibra con il chakra della corona e permette alla Kundalini di salire senza ostacoli. Favorisce unione e pace.
- **Zaffiro bianco**: porta saggezza e forza d'animo, aiutando a trovare dentro di sé la soluzione migliore per superare i difficili ostacoli che si incontrano nel proprio cammino spirituale. Conferisce alla mente una grande chiarezza e migliora la comunicazione con il Sé superiore.
- **Zaffiro giallo**: porta saggezza e prosperità. Oltre che a un aumento di introiti economici, fa ambire a una maggiore

volontà di creare nuove soluzioni che facciano raggiungere ambizioni e obiettivi.

Lo zaffiro è eccezionale per calmare la mente, favorendo il rilascio di tensione dovuto a pensieri indesiderati. Incoraggia l'intuizione, portando leggerezza, gioia ed equilibrio. Lo zaffiro blu è utilissimo per crescere dal punto di vista spirituale e per aumentare l'autodisciplina, soprattutto nelle attività quotidiane che richiedono attenzione.
Inoltre, dona molto supporto professionale, stimola l'ingegno e la saggezza e aumenta il buon senso nello svolgere la propria professione. È una pietra simbolo di integrità, per cui è molto efficace per la risoluzione rapida e positiva di questioni giuridiche o in qualche modo collegate alla giustizia.
Lo zaffiro blu, ancora, è una pietra di amore, impegno e fedeltà, tanto che può essere utilizzata negli anelli di fidanzamento.

Opale Boulder

L'opale boulder è un ottima pietra per il progresso, l'espansione e lo sviluppo personale. Aiuta a collegare il nostro conscio con il subconscio, permettendo una compensazione e comprensione di se stessi a livello psichico e mentale.

L'opale boulder facilita la comunicazione tra la nostra dimensione terrena e quella di altri mondi di dimensioni diverse.

Proprio in virtù della sua profonda connessione con la terra, diventa un ottimo alleato per il nostro radicamento, specie durante i periodi di sostanziali cambiamenti della nostra vita. Permettendo un equilibrio emotivo e mentale, calma l'anima interiore e pulisce e illumina l'aura personale, stimolando la centratura. È usato per accedere alle guide spirituali superiori e alle guide animali.

Può essere utilizzato per stabilizzare l'energia personale. L'opale boulder è pietra eccellente per gli occhi e nella comunicazione di tutte le forme verbali. E' un bilanciatore emozionale che aiuta la bellezza interiore e la fedeltà.

Indossare, toccare e meditare con l'opale boulder aiuta ad aumentare le capacità mentali quali la visualizzazione creativa, l'intuizione e la veggenza, potenzialità non utilizzate della mente.

L'opale boulder rafforza la volontà di vivere appieno la vita.

Pietra di Luna

La pietra di luna è stata usata per secoli in una grande varietà di culture. Essendo una perfetta espressione dell'energia yin, ossia l'energia misteriosa e placida della luna, questa pietra è a sua volta portatrice di calma, pace ed equilibrio.
La serenità e la tranquillità che il minerale genera ha un effetto sensuale e straordinario, infondendo, col suo morbido bagliore, creatività e ottimismo.
Anticamente, ma anche a tutt'oggi, in India la pietra di luna è considerata una pietra sacra.
Associata con la luna, la pietra era indossata della dea Diana e in Oriente amuleti di pietra di luna erano spesso appesi ad alberi da frutto per assicurare colture feconde e abbondanti e nel medioevo, dagli alchimisti, si riteneva che se tenuta in bocca, la pietra di luna poteva contribuire nel prendere decisioni appropriate. La pietra di luna è gemma di intuizione e comprensione profonda, aiuta a bilanciare il corpo emozionale accentuando la libertà di espressione e attenua in particolare le tendenze aggressive.
Apportando energia femminile, la pietra di luna apre il nostro lato più yin, può stimolare il funzionamento della ghiandola pineale, bilancia i cicli ormonali interni con i ritmi della natura, allevia il dolore mestruale e nella gravidanza, favorisce la fertilità e aiuta a stimolare il sistema linfatico e immunitario. Può ridurre il gonfiore e il fluido corporeo in eccesso.
Anche se spesso considerata una pietra da donne, la pietra di luna può essere molto utile agli uomini

di aprire il proprio sé emotivo. La pietra di luna più pregiata viene estratta principalmente dallo Sri Lanka. Essa aiuta a essere più consapevoli del fatto che tutte le cose sono parte di un ciclo di cambiamento costante. Il momento ideale e di massima risonanza per usare la pietra di luna è durante la fase di luna piena. Grazie alla sua associazione con acqua, risulta essere molto protettiva con persone che abitano vicino a luoghi di mare. La pietra di luna connette benissimo tra loro il secondo e il sesto chakra, migliorando la sensibilità intuitiva attraverso comportamenti meno sopraffatti da sentimenti personali.

Funziona a meraviglia quando è abbinata al granato, (rivelando la verità dietro le nostre illusioni) e se usata in concomitanza con l'ametista nei chakra superiori.

La pietra di luna è una gemma molto personale: riflette l'anima della persona che la possiede. Non toglie e non aggiunge nulla alla personalità, ma la mostra per come in realtà è: per questo è utile durante la meditazione. È ottima per le donne, ma può essere indicata agli uomini per incentivarli nell'espressione delle loro emozioni. La gemma è quindi sfruttata per stimolare il funzionamento della ghiandola pineale e l'equilibrio dei cicli ormonali interni, adattandoli ai ritmi della natura

Nel feng shui, la pietra di luna è utilizzata per le sue proprietà calmanti, per la sua energia yin e per il fatto che richiama l'elemento dell'acqua. Una casa o un ufficio con troppa energia yang può trovare beneficio dalla compensazione che la pietra saprà generare.

Assicuratevi di prendervi cura nel modo migliore della vostra pietra di luna, sia nel caso si tratti di sfere e ovali, che per i gioielli. Pulitela spesso e delicatamente, cercando di preservarla dall'esposizione a una forte luce solare.

Come si può facilmente intuire, a differenza di altri cristalli e di altre pietre, il modo migliore per ricaricare la pietra è esporla al chiarore lunare. È possibile scegliere la fresca energia della luna nuova o le potenti vibrazioni di quella piena: prendendovi cura della vostra gemma, riceverete in cambio abbondanza, energia ed equilibrio.

Sugillite

La sugillite deve il suo nome al geologo giapponese che ne ha scoperto i primi esemplari, Ken-ichi Sugi. E' una pietra particolare, considerata una delle pietre dell'amore e per il quarto chakra tra le più importanti. Rappresenta l'amore spirituale e la saggezza, ed è capace di allineare tutti i chakra consentendo di aprire e dirigere l'energia della Kundalini in tutto il corpo.
Indossando o portando con sé la Sugilite si incrementa la ricerca della libertà, traendone ispirazione e fiducia. Ottima per i disturbi motori e l'epilessia.

- La sugillite è una pietra ampiamente utilizzata per richiamare visioni e per stimolare il nostro terzo occhio, permettendo l'esperienza visionaria e percezioni superiori.

E' una pietra che favorisce il riposo e la calma interiore. Ci porta a equilibrare la funzione del cervello sinistro e aiuta chiunque a integrarsi nel mondo o in un nuovo ambiente. Assieme all'ametista, amplifica il potere di protezione della nostra aura.

Tanzanite

La Tanzanite è un minerale, più precisamente una varietà della Zoisite, fu scoperta nei primi di gennaio del 1967 nel nord Tanzania ai piedi dei monti Merelani nei pressi delle Merelani Hills vicino alla città di Arusha, fu entusiasticamente celebrata e chiamata come "La gemma del 20° Secolo". Il blu della tanzanite è magnifico e spettacolare, andando dall'ultramarino ad un leggero blu purpureo/viola, il colore più ricercato è un blu che mostra una sfumatura purpurea luccicante intorno ad essa, che è estremamente spettacolare. Il suo colore varia dal blu intenso al viola, passando per l'indaco.

Chiarisce la missione della propria esistenza, permettendo un maggior senso di orientamento con cui direzionare le proprie scelte. Facilita le situazioni nelle quali la mente e le capacità psichiche sono attivate e guidate dalla saggezza del cuore. Aiuta a superare le crisi interiori dovute alla sensazione di andare alla deriva, chiarendo quale sia la destinazione da raggiungere e vincendo la paura di star sprecando la propria vita.

Stimola pensieri chiari e pragmatici ed aumenta la fiducia in se stessi. Sostiene l'attività dei reni, rafforza il sistema nervoso, tonifica i tessuti e ricostituisce i liquidi corporei.

La peculiarità energetica della tanzanite consiste nella sua grande capacità di mettere in contatto il cuore con il pensiero sia intuitivo che razionale: la saggezza del cuore guida quindi il pensiero e l'istinto verso la giusta direzione da seguire. E' una pietra decisamente adatta per i momenti di crisi interiore, anche perché incrementa la fiducia in sé stessi. Le proprietà di questo cristallo sono davvero stupende. Quando l'occhio si posa su pietre di Tanzanite di buona qualità e colore, ci si sente rimescolare dalla loro bellezza, e la "bellezza" che di loro si apprezza è un riflesso delle qualità mentali ed emozionali che queste pietre risvegliano nel proprio sé. Per le sue caratteristiche intrinseche trova splendida risonanza con tutti i Chakra alti, ovvero con il Chakra Cardiaco, il Chakra della Gola, il Terzo Occhio e chiaramente con la Corona. L'integrazione di mente e cuore offerta dalla Tanzanite avviene tramite il chakra del cuore e del terzo occhio. L'importanza di questa sintonizzazione per la propria vita spirituale non sarà mai abbastanza enfatizzata. Il bisogno di portare il cuore alla cooperazione e comunione con la mente è in parte ciò che si intende per ricerca dell'interezza. Tramite la Tanzanite ci può creare un circuito vibrazionale tra i due chakra che viene percepito come frequenza fluttuante di gioia e piacere. Quando la mente comprende ciò che il cuore può offrire rilascia il suo piacere al cuore che rilascia una gioia più grande che causa alla mente una più grande riflessione di piacere e il processo continua. Un altro effetto dell'integrazione della Tanzanite si ottiene sul chakra della gola. Sotto l'effetto della Tanzanite è più facile esprimere la verità del cuore con tutte le risorse che la mente può offrire. La Tanzanite rende difficile nascondere o disconoscere ciò che si sa dal cuore.

Lepidolite

Favorisce il sonno, influisce positivamente sul sistema nervoso, stimola la spiritualità. Ottimo rimedio contro apatia e depressione. Rafforza la memoria.
- Apre il terzo occhio. Favorisce i viaggi sciamanici e spirituali e da accesso all'archivio akashico. Riduce lo stress e ferma i pensieri ossessivi. E' indicata a chi trova tempo per tutto e tutti ma non per coccolare se stesso.

Allontana i ricordi e i traumi dei maltrattamenti subiti nell'infazia permettendo di elaborarli senza astio e senza odio. Contenendo litio contribuisce a stabilizzare gli sbalzi d'umore e i disturbi bipolari. Aiuta a superare dipendenze emotive o mentali. Grazie al suo potere di riflessione contribuisce a far prendere decisioni rapide. Stimola il bisogno di autonomia, perseguendo fino in fondo i propri obiettivi. Aiuta a concentrarsi sull'essenziale. Rafforza il sistema immunitario e la struttura del DNA.

Occhio di Gatto

La pietra occhio di gatto è un'ottima pietra di radicamento alla terra che fornisce un'energia vibrazionale molto alta e un'efficace protezione eterica grazie alla sua capacità di dissipare energie non armoniche dalla nostra aura. L'occhio di gatto agisce amplificando le energie di altri cristalli, stimolando l'intuizione e migliorando la consapevolezza, attraverso una maggiore creatività e gentilezza. Aumenta notevolmente le capacità psichiche e la manifestazione delle cose materiali.

L'occhio di gatto è sempre stato creduto, dai mistici e dagli esoterici, capace di donare un profondo pensiero filosofico e la capacità di essere saggio.

Può essere utile quando serve maggiore concentrazione o per stimolare la guarigione.

Tradizionalmente si crede possa proteggere chi lo indossa da spiriti maligni.

Ottima pietra per i disturbi agli occhi, per migliorare la visione notturna e per alleviare il mal di testa. E' anche un regolatore dell'umore ed è benefico per eliminare la stanchezza e l'irritabilità.

La pietra occhio di gatto si ritiene che protegga e moltiplichi la ricchezza di chi la indossa.

A tal fine si consiglia di tenerlo nello stesso luogo in cui è tenuto il denaro.

www.ingramcontent.com/pod-product-compliance
Lightning Source LLC
Chambersburg PA
CBHW071311060426
42444CB00034B/1773